**Singa Gätgens**

# Meine schönsten
# Pferdegeschichten

**Singa Gätgens**

# Meine schönsten
# Pferdegeschichten

**Bibliografische Information: Die Deutsche Bibliothek**
Die Deutsche Bibliothek verzeichnet diese Publikation in der
Deutschen Nationalbibliografie; detaillierte bibliografische Daten
sind im Internet über http://dnb.ddb.de abrufbar.

**Bibliografic information published by: Die Deutsche Bibliothek**
Die Deutsche Bibliothek lists this publication in the
Deutsche Nationalbibliografie; detailed bibliografic data
is available in the internet at http://dnb.ddb.de.

Redaktion: Antje Nissen
Umschlaggestaltung und Layout: J·G & Partner, Baden-Baden
Herstellung: QuarkXPress im Verlag
Druck und Bindung: Clausen & Bosse, Leck
Printed in Germany

ISBN 3-629-10016-3

Besuchen Sie uns im Internet:
www.droemer-knaur.de

# Inhaltsverzeichnis

*Liebe Schmökerfreunde!*

*Ich freue mich, euch diese starke Sammlung von Pferde-
geschichten präsentieren zu können!*
*Seit ich klein war, gehören Tiere zu meinem Leben. Ich
hatte einen halben Zoo bei mir zu Hause mit einem Hund,
zahlreichen Kaninchen, Meerschweinchen, Wüstenrenn-
mäusen und sogar Streifenhörnchen! Und trotzdem hat
mir immer etwas sehnlichst gefehlt: Mein eigenes Pferd!*
*Ihr könnt euch sicher vorstellen, wie sehr ich die Ferien ge-
nossen habe, in denen ich auf dem Ponyhof war. Aber das
hat natürlich lange nicht gereicht: Stundenlang habe ich
mit Begeisterung alle Pferdebücher von Bille und Zottel bis
Black Beauty verschlungen!*

*Das größte Ereignis für mich war aber die Einladung zu
einem Casting für eine Pferdeserie! Als die Zusage für die
Rolle der Bimbo beim Süderhof kam, bin ich vor Freude
ganz aus dem Häuschen gewesen. Wenigstens während
der Drehzeit hatte ich ein eigenes Pony und damit ging
tatsächlich ein Traum für mich in Erfüllung!*

*Ich hoffe, dass auch eure großen und kleinen Träume in
Erfüllung gehen und wünsche Euch nun viel Spaß mit
meinen schönsten Pferdegeschichten!*
*Eure Singa*

# Karin Müller

# Björks Islandpferd

»Onkel Ingmar, sag mir doch, wohin wir reiten?«
Björk zappelte im Sattel hin und her. Aber da sie auf
dem schmalen ausgetretenen Pfad hinter ihrem Onkel herritt, konnte sie sein Gesicht beim besten
Willen nicht sehen. Und auch nicht, dass er breit in
seinen zotteligen Rauschebart hineingrinste.

»Bleib du nur schon mit Moldi hinter mir«, rief er
über die Schulter zurück. »Svala mag es nicht, wenn
sie das Gefühl hat, gedrängelt oder überholt zu werden. So, und jetzt nimm die Zügel auf, lehn dich zurück und dann tölten wir.«

Björk seufzte. Es hatte keinen Sinn, aus Onkel Ingmar etwas herauskitzeln zu wollen, wenn er nicht reden wollte. Da war er so stur und unverrückbar wie
die moosigen Felsen im isländischen Hochmoor.

Morgen war Björks zehnter Geburtstag. Alle ihre
Freundinnen würden kommen und sie besuchen.
Zum Glück hatte sie im Sommer Geburtstag. Da war
es warm und hell auf Island und man konnte bis weit
nach Mitternacht draußen bleiben – wenn man so
lang aufbleiben durfte. Aber am Geburtstag durfte

man das. Úlfur hatte nicht so viel Glück: Björks bester Freund und Nachbar war schon elf. Aber er hatte mitten im Winter Geburtstag, wenn es kaum lang genug hell war, um die Ponys zu fangen, zu satteln und einen längeren Ausritt zu machen.

Trotzdem wollten Björk und Úlfur um keinen Preis der Welt anderswo leben. Island war ihre Heimat. Ein geheimnisvolles Land mit heißen Schwefelquellen, sprudelnden Geysirfontänen, Wasserfällen und vielen Islandpferden, die halbwild in den Hügeln lebten.

»Úlfur sagt, hier draußen gibt es Trolle, Onkel Ingmar. Hast du schon mal einen gesehen?«

»So, sagt er das, dein Freund Úlfur?«

»Ja, sagt er!« Björk nickte wild. Aber das konnte ihr Onkel ja auch nicht sehen, weil sie noch immer hintereinander her tölteten.

»Na, wenn er das sagt, dann wird es wohl stimmen«, rief Onkel Ingmar und lachte dröhnend. Wenn er etwas anders angezogen und einen Meter kleiner wäre, hätte man ihn auch gut für einen Troll halten können, fand Björk. Nur, dass Onkel Ingmar weder böse noch gefährlich war. Aber Björk glaubte auch nicht, dass Trolle das wirklich waren. Bestimmt war das nur ein guter Trick um sich vor neugierigen Isländern und Touristen zu schützen. Björk betrachtete staunend die Landschaft. So tief war sie noch nie im Hochmoor gewesen, und dabei waren sie kaum eine Stunde geritten. Der gleichmäßige Takt ihrer Ponys war der einzige Laut weit und breit.

»Weißt du übrigens, dass nicht alle Pferde tölten können, Onkel Ingmar? Das hat mir auch Úlfur erzählt. Der Tölt ist eine ganz besondere Gangart, sagt er, die kann nicht jede Art Pferde. Deswegen sind unsere Pferde hier auf Island etwas ganz besonderes.«

Onkel Ingmar grinste breit in seinen Bart hinein.

»Aber, Onkel Ingmar.« Sie zog die Stirn in Falten. »Úlfur sagt auch, dass man in Zeiten der Hungersnot unsere Islandpferde mit Fisch gefüttert hat, um sie über den Winter zu bringen. Das stimmt doch aber nicht, oder?«

Onkel Ingmar grinste noch breiter in seinen grauen Bart. »Das weiß ich nicht sicher«, sagte er. »Es wird so gemunkelt. Meine Pferde mögen keinen Fisch. Aber es ist eine schöne Geschichte.«

»Ja, schöne Geschichten kennt Úlfur viele«, nickte Björk.

»Kennt dein Freund Úlfur denn auch die Geschichte von Bjarni und seiner Stute Jörp?«, erkundigte sich Onkel Ingmar nach einer Weile.

»Nein?!« Björk zog erstaunt die Augenbrauen hoch. »Welche Geschichte denn?«

»Bjarni wollte an einem eiskalten Morgen heim-reiten aus Reykjavik. Er beschlug seine Stute Jörp mit Eisstollen und vergaß darüber den heißen Kaffee, den er auf ihrer Kruppe abgestellt hatte. Erst als er Rast machte, weit entfernt in Kalmanstunga, be-merkte er die Tasse.«

»Sie war noch da?«, fragte Björk staunend.

»Und nicht nur das!«, lachte Onkel Ingmar. »Nicht ein einziger Tropfen Kaffee war verkleckert, so einen weichen, gleichmäßigen Tölt hatte Jörp.«

»Jörp«, wiederholte Björk. »Das heißt: die Braune Und die Geschichte ist wirklich wahr?«

Ihr Onkel zuckte mit den Achseln und lachte sein breites Trolllachen. »Ja, so hat man's mir zumindest erzählt!«

So lange sie denken konnte, war Björks Traum ein ei-genes Pferd. Aber immer wenn sie ihren Onkel, ihren Vater, ihre ältere Schwester oder ihre Mutter danach fragte, wann es denn endlich soweit sei für sie – so hieß es: Du bist noch zu klein. Wenn du alt genug bist, dann bekommst du dein Pony. Aber wann sollte das sein? Morgen wurde sie schon zehn Jahre alt und sie trug immer noch den alten Reithelm ihrer Schwester auf und ihre alten Stiefel. Sigrún hatte schon lange ein eigenes Pferd. Auch Úlfur hatte seit seinem letzten Geburtstag seine Stute Stelpa. Aber Björks Vater hatte noch immer kein Maß genommen für zünftige, warme, fellgefütterte Reitstiefel, so wie sie ihre Schwester Sigrún vor ein paar Jahren zum Geburtstag bekommen hatte. Ihre Mutter wollte nicht ihren Kopfumfang wissen, um eine Reitkappe zu bestellen. Das hatte sie damals schon viele Wochen vor Sigrúns Geburtstag getan.

Seufzend strich sie Moldi über die dichte Strubbelmähne. Sie ließen die Pferde sich am langen Zügel ein Stück im Schritt erholen. Moldi und Svala schwitzten bereits um die Brust herum in ihrem dichten Fell. Und auch Björk fand es ganz angenehm, ein wenig die Beine baumeln lassen zu können. Die Hufe der Pferde sanken tief ein im weichen Moos des Hochlands. Sie hatten ein Plateau erreicht. Hier war Platz genug für eine ganze Herde, nebeneinander her zu gehen. Schräg vor ihnen war die Silhouette des Vatnajökulls aufgetaucht. Das war der höchste Plateaugletscher der Erde, hatte Björk im Erdkundeunterricht gelernt. Aber sie hatte keinen Blick für die glitzernde Schönheit der gewaltigen, jahrtausendealten Eismassen.

»Stelpa heißt Mädchen. Svala ist die Schwalbe«, überlegte Björk laut. »Und Moldi bedeutet Erdfarben. Es ist bestimmt richtig schwer, für ein Pferd den richtigen Namen zu finden, oder?«

»Wenn man seinem Pferd zum ersten Mal begegnet, dann weiß man den richtigen Namen«, meinte Onkel Ingmar geheimnisvoll und sah Björk verschmitzt an. Sie konnte sich keinen rechten Reim darauf machen, wie er das meinte.

»Sonst ist es nicht das richtige Pferd – oder nicht der richtige Name«, fügte Onkel Ingmar erklärend hinzu. Aber das brachte Björk auch nicht so recht weiter.

»Hm«, machte sie und studierte nachdenklich Moldis dicke Mähne.

»Findest du den Sattel bequem?«, erkundigte sich Onkel Ingmar nach einer Weile.

»Ja. Sehr«, antwortete Björk und lächelte. Sie war ganz andere Sättel gewöhnt. Alt und ausgesessen, mit abgeschabtem Leder an den Pauschen, wo jahrelang die Schenkel der anderen Reiter angelegen hatten. Dieser hier war neu. Das Leder glänzte und roch nach Fett, und er quietschte und knarzte bei jedem Schritt.

»Und er riecht gut«, meinte Björk.

»Dann ist ja gut«, nickte Onkel Ingmar und schlug eine schnellere Gangart vor. »Dann lass uns mal ausprobieren, wie du im Galopp in ihm sitzt. Wollen wir bis zu den Hügeln da drüben galoppieren? Traust du dich?«

»Ja, gern«, erwiderte Björk strahlend und fasste die Zügel kürzer.

Die Hügel waren weiter weg, als es ausgesehen hatte. Als sie dort angekommen waren, hatte Björk heiße Ohren und rote Wangen. Sie schnaufte: »Moldi ist aber schnell.«

Onkel Ingmar grinste. »Ein wirklich schnelles Pferd, das war der Sóti von Bauer Gunnason, einem Bauern aus dem Südlande. Er ist schon lange tot, aber die Geschichte um seinen Sóti, die lebt fort.«

»Erzähl sie mir«, bat Björk.

»Na gut«, erwiderte Onkel Ingmar und ließ Svala die Zügel lang, damit sie ein wenig grasen konnte. Björk tat es ihm gleich und putzte sich die Nase, die vor Anstrengung zu laufen begonnen hatte.

»Sóti sah nicht so aus, aber er war das schnellste Pferd weit und breit. Einmal kam einer aus dem Norden und spottete über ihn. Da lud ihn Gunnason ein, ihn zu reiten. Doch als der Fremde aufgestiegen war, gab Gunnason Sóti einen Klaps, und der raste los und hielt nicht eher an, als bis sie am nächsten Hof waren. Und das so plötzlich, dass der Fremde fast gefallen wäre.«

Björk lachte. »Aber warum ist er nicht schon früher abgesprungen, Onkel? Oder hat ihn angehalten?«

»Sóti war zu schnell, als das er es sich getraut hätte«, lachte Onkel Ingmar zurück. »Aber die Geschichte von Sóti geht noch weiter. Er war nämlich auch ein überaus kluges Pferd. Bauer Gunnason trank recht gern einen mächtigen Schluck über den Durst. Wenn man der Überlieferung glauben darf, so legte sich Sóti aber sogar hin, um ihn betrunken aufsteigen zu lassen und brachte ihn stets sicher nach Hause. Nur einmal, da kam er ohne seinen Herrn an. Mitten in eisigem Schneesturm.«

»Oh je«, machte Björk betroffen. »Das war sicher das Ende von Bauer Gunnason?!«

»Es wäre es sicher gewesen, hätte er seinen Sóti nicht gehabt«, bestätigte Onkel Ingmar. »Aber der Knecht ließ sich von Sóti hinaus ins Schneegestöber führen und plötzlich blieb das Pferd stehen, steckte die Nase in eine Schneewehe – und darunter lag schlafend der betrunkene Bauer.«

»Er hat ihn gerettet«, rief Björk ehrfürchtig.

»Ja, das hat er. Sóti, der Ruß.«

»Auch ein toller Name«, murmelte Björk. Wenn sie eines Tages doch noch ein Pferd bekam, dann musste ihr auch der richtige Name einfallen. Sie stiegen ab und packten ihre Frühstücksbrote aus.

Onkel Ingmar zog eine Thermoskanne mit heißem Tee aus seiner Packtasche und reichte Björk einen Becher. Es roch nach Schwefel. Björk schnüffelte. Aber es lag nicht am Tee.

»Da drüben sind heiße Quellen«, erklärte Onkel Ingmar lachend, als er ihren fragenden Blick sah. Wenn wir das nächste mal hierher kommen, können wir ein heißes Bad nehmen. Aber diesmal habe ich keine Handtücher dabei. Björk war ganz froh darüber. Sie war viel zu neugierig, wohin ihr Ritt sie führen würde, als dass sie jetzt die Muße für ein warmes Bad in den Schwefelquellen gehabt hätte. So sehr sie Onkel Ingmars unzählige Geschichten liebte, aber wenn er sie reitend erzählte und sie voran kamen, war ihr das heute lieber.

»So, nun lass uns weiterreiten«, beschloss Onkel Ingmar da auch schon wieder und stieg auf. Björk tat es ihm nach. Moldi blieb geduldig stehen, bis sie sich im Sattel zurecht gerutscht hatte. Dann nahm sie gelassen die Nase aus dem Gras und setzte sich hinter Svala, die bereits mit Onkel Ingmar losgetöltet war.

»Kennst du denn eigentlich auch die Geschichten der Wikingergötter und ihrer Pferde?«, erkundigte sich Björk nach einer Weile.

»Du meinst die von Held Sigurds Pferden Thokka und Grani, von Skinfaxi und Hrímfaxi und Sleipnir, dem achtbeinigen Schimmel von Göttervater Odin?«

»Ach, die Heldensagen kenn ich, Onkel Ingmar. Aber erzähl mir doch, wer sind Skinfaxi und Hrimfaxi?«

»Das sind die Pferde von Tag und Nacht«, sagte Onkel Ingmar und zeigte mit der Hand zum Himmel. »Der Hengst Hrímfaxi fährt mit Mutter Nacht alle zwölf Stunden am Firmament um die Erde. Der Tau, den du morgens auf dem Gras siehst, ist nichts anderes als Schaum von seinem Gebiss.«

»Und Skinfaxi gehört dem Tag?«

»Kluges Mädchen«, lobte Onkel Ingmar. »So ist es. Und seine Leuchtmähne schenkt uns als Abglanz das Licht.«

»Hrìmfaxi – Reifmähne, Skinfaxi, Leuchtmähne«, wiederholte Björk die Bedeutung der Namen still. Solche Geschichten, wie sie Onkel Ingmar von den alten Göttersagen zu berichten wusste, fand sie viel spannender, als das, was sie jeden Tag in der Schule in Erdkunde über die Entstehung von Tag und Nacht lernte.

Unruhig rutschte sie in ihrem Sattel herum und sah sich um. Auf den Wiesen blühten überall in Gruppen weiße und rosafarbene Blumen. Hier lagen wenige Steine. Der Boden war eben. Aber weiter hinten, wo die nächsten Hügel kamen, sah es schon wieder anders aus. Weiter oben lag noch viel Schnee.

Björk zog ihren dicken Wollpullover aus. Sie schwitzte. Es war ein warmer Tag. Aber man wusste nie, wann der nächste Schauer kam. Das Wetter auf Island, der Insel aus Feuer und Eis unterm Polarkreis, konnte so blitzschnell wechseln, wie die Pferde laufen konnten.

»Was ist los?«, erkundigte sich Onkel Ingmar, der Björks Unruhe natürlich gleich bemerkte.

Björk zögerte. Sie wollte nicht unhöflich sein. Sie wusste ja, dass das Ziel ihres Rittes eine Überraschung sein sollte, aber sie platzte nun beinahe vor Ungeduld und Neugier. Wohin ritten sie, was wollten sie da, und wie lange würden sie fort sein? Onkel Ingmar hatte keine Schlafsäcke eingepackt, aber das musste nichts heißen. Er kannte Gott und die Welt auf der Insel und jeder Hof stand ihnen und den Pferden gastfreundlich für eine Übernachtung offen. «Wo reiten wir denn hin, Onkel Ingmar?«, platzte Björk dann doch heraus.

»Da hinüber«, erklärte Onkel Ingmar freundlich und wies auf die Hügelkette vor ihnen.

»Und was ist da?«

»Das wirst du dann schon sehen, wenn es an der Zeit ist.«

»Wie lange brauchen wir denn noch dahin?«

»Nicht lange.«

»Sind wir rechtzeitig zu meinem Geburtstag wieder zuhause?«

»Das wird von deiner Entscheidung abhängen.«

»Was für eine Entscheidung denn, Onkel Ingmar?«

»Die du dann treffen musst.«

Björk atmete tief durch. Mit Onkel Ingmar brauchte man wirklich jede Menge Geduld. Es war zum Verrückt werden. Er sagte keinen Ton, verriet nichts, was sein Geheimnis preisgeben könnte.

Auf einmal fing es an zu regnen. Das war typisch für Island. In einem Moment war der Himmel noch klar. Dann zog es sich unmerklich zusammen und schon saß man im dicksten Regenschauer. Gelassen stapften Moldi und Svala weiter durch das vor Nässe quietschende Gras. Es war ein richtiger Wolkenbruch.

Björk zog die Nase kraus und ihre Kapuze über den Reithelm, damit ihr kein Wasser in den Nacken lief. Ihre Windjacke war auch regendicht. Und auch Onkel Ingmar war gut geschützt. An den Pferden lief das Wasser in dicken Rinnsalen den Hals und die Flanken hinunter.

»Stell dir vor, dieser Wolkenbruch würde im Winter als Schnee herunterkommen. Da siehst du die Hand vor Augen nicht!«, rief Onkel Ingmar gegen den Regen an.

Björk nickte. Sie zog das Kinn bis zum Hals. Hoffentlich hörte es bald wieder auf. Und das tat es auch. So plötzlich, wie es begonnen hatte, zog das Unwetter weiter. Der Himmel tat sich auf und die Sonne schien wieder, als wäre nichts passiert. Moldi schüttelte sich. Björk quietschte überrascht. Es fühlte sich komisch an, wenn man auf einem Pferd saß, das den ganzen Körper vibrieren ließ, um das Wasser aus dem Fell loszuwerden.

»Das ist nämlich mal meinem Schwager passiert.«

»Was?«, fragte Björk. Sie hatte einen Augenblick nicht zugehört. Nun schnalzte sie mit der Zunge und drückte ihre Waden an Moldis Bauch, damit sie schnell aufholten. Als sie neben Svala herritten, erzählte Onkel Ingmar weiter. »Mein Schwager Johannes ist Landpostbote, oben im Norden. Er ist schon eine Weile in Rente, aber er hat erzählt, vor vielen Jahren, da war er mit ein paar Touristen in einen so dicken Schneeschauer geraten, dass man die Hand nicht vor Augen sehen konnte, geschweige denn den Weg. Sie glaubten sich schon verloren und wollten eine andere Richtung einschlagen oder umkehren. Nur, dass sie auch den Weg zurück niemals gefunden hätten in dem dichten Schneetreiben. Johannes bestand darauf, dass sie auf sein Pferd Svailfari vertrauen sollten. Er ließ ihm die Zügel lang, und siehe da, er brachte sie sicher zum nächsten Hof. Sie merkten es erst, als sie direkt neben dem Küchenfenster hielten, wo gerade Licht angemacht wurde.«

»Svailfari – der Gefahr durchschreitet – was für ein passender Name«, raunte Björk ehrfürchtig.

»Wir sind übrigens gleich da!«, sagte Onkel Ingmar dann plötzlich unvermittelt.

»Wo?«, fragte Björk völlig überrumpelt. Sie nahm den Kopf hoch und sah sich um. Aber sie konnte nichts ausmachen, was ein Ziel hätte erkennen lassen können. Um sie herum waren Wiesen, Felsen, Bäche und weiter hinten der Gletscher. Es sah genau aus, wie die Landschaft, die sie schon die ganze Zeit durchritten.

»Am Ziel der Reise vom Vortag deines zehnten Geburtstages«, erklärte Onkel Ingmar so rätselhaft wie immer. Er lachte wieder in seinen grauen Bart hinein. Vielleicht war er doch mit den Trollen verwandt überlegte Björk insgeheim. Sie machte sich darauf gefasst, dass sich vielleicht die Felsen auftun würden, oder der Boden einen Spalt freigab, in dem sie verschwinden würden und auf der anderen Seite im Feenreich wieder herauskämen. Aber nichts dergleichen geschah. Stattdessen ermunterte Onkel Ingmar sie noch einmal, anzutraben. Er zeigte grob in die Richtung vor sich und meinte nur: »Da hinunter müssen wir.«

Svala und Moldi ließen sich nicht zweimal bitten. Sie spitzten die Ohren, und beide wieherten mit einem Mal schrill und laut. Dann stoben sie vorwärts, so schnell sie konnten. Björk hätte Moldi kaum zurückhalten können, selbst wenn sie es gewollt hätte. Aber sie wollte gar nicht, weil sie selbst so gespannt war, was denn da vorn war, das die Pferde so anziehend fanden.

Als Björk sah, dass Onkel Ingmar seine Svala galoppieren ließ, gab auch sie Moldi die Zügel frei. Sie schossen dahin, schneller als der Wind. Und nun verstand Björk auch, wieso Svala die Schwalbe hieß. Es sah fast aus, als flöge sie mit ihrer schwarzen Mähne als Flügel.

Es ging ein Stück bergab und als sie um einen großen Felsen herumgeritten waren, der den Blick auf ein kleines, verstecktes Tal freigab, verstand Björk. Sie verstand, warum die Pferde von selbst sehr viel langsamer wurden, sie verstand den Sinn der Reise. Und sie verstand, warum Onkel Ingmar ihr so viele Geschichten über berühmte Pferde und ihre Namen erzählt hatte. Aber sie traute sich kaum, es wirklich zu glauben.

Dort unten war die Sommerherde ihres Onkels. Über vierzig Pferde standen zusammen und grasten. Stuten, Fohlen, Wallache, Hengste in allen Größen und Farben. Es war ein überwältigender Anblick.

Björk bekam kaum Luft, und das lag nicht allein an dem scharfen Ritt.

»Eins davon soll dir gehören, meine liebe Nichte Björk. Das ist mein Geschenk an die Tochter meines Bruders zu ihrem zehnten Geburtstag. Also geh hinunter, und finde dein Pferd.«

Björk stieg wie in Trance ab. Onkel Ingmar nahm ihr die Zügel von Moldi ab. Sie streichelte das Pferd und gab ihm eine Mohrrübe aus ihrer Tasche. Zum Dank, dass es sie so weit und so gut getragen hatte. Ihre Knie zitterten, als sie dann die kleine Anhöhe hinabstieg.

Onkel Ingmar hatte gesagt: Finde dein Pferd. Er hatte nicht gesagt: Suche es. Oder: Such es dir aus.

Aber wie sollte sie ihr Pferd finden, unter all den vielen, die hier standen? Ein paar nahmen die Köpfe hoch und sahen sie an. Ein paar grasten einfach weiter. Eine Stute mit Fohlen bei Fuß suchte Schutz in der Mitte der Herde.

Hilflos und schüchtern blieb Björk schließlich stehen. Sie war noch gut zehn Meter von den ersten Pferden entfernt. Die Herde hatte keine Angst vor ihr. Zögernd drehte sich Björk zu Onkel Ingmar um. Was sollte sie tun?

Aber Onkel Ingmar lächelte nur. Er hielt Moldi und Svala am langen Strick, damit sie sich nicht einfach mitsamt ihrem Sattelzeug unter die Herde mischten, und ließ sie grasen. Er selbst hatte sich eine Pfeife gestopft und angezündet. Genüsslich zog er daran und nickte ihr zu. Björk hob unschlüssig die Schultern. Aber Onkel Ingmar bedeutete ihr mit der Pfeife und seinen Händen, näher an die Pferde heran zu gehen. Björks Knie fühlten sich an wie Kartoffelmus. Weich und wackelig.

Vorsichtig machte sie noch einen Schritt. Und dann noch einen. Vielleicht hatte sie ja Glück und ihr Pferd würde sie finden?

Leise sagte sie »Hallo.«

Keins der Ponys reagierte.

Noch einmal sagte sie: »Hallo!« Diesmal etwas lauter.

Aber nichts geschah. Die Pferde taten das, was sie vorher auch getan hatten. Sie fraßen, benagten sich gegenseitig Kruppe oder Widerrist, die Fohlen spielten und die Junghengste rauften. Ein paar Pferde guckten hoch. Aber keines war dabei, das auf sie zukam, oder das ihr so besonders erschien, dass es augenfällig ihres gewesen wäre.

Björks Herz sank in ihre Magengrube. Was, wenn sie kein Pferd fand? Sollte sie es sich nicht anmerken lassen und so tun, als hätte sie sich für irgendeines entscheiden? Hübsch sahen sie ja alle aus. Aber wie sollte sie sich entscheiden?

Für den netten Braunen da vorne, mit der hellen Wuschelmähne, die ihm keck in die Stirn fiel? Oder für den dicken Schecken da drüben, der so aussah, als könne ihn nichts erschüttern? Das sandfarbene Pferd mit der schmalen Blesse dort war auch sehr hübsch. Aber nicht so schön wie die mausgraue Stute mit dem Aalstrich. Sie hatte liebe braune Augen. Björk seufzte. Sie konnte sich nicht entscheiden.

In diesem Augenblick wieherte Moldi, laut und kräftig. Es hatte etwas Aufforderndes. Björk zuckte zusammen. Aber fast alle Pferde hoben erstaunt die Köpfe. Und eins fiel Björk in diesem Augenblick besonders auf. Es sah sie genauso erstaunt an, wie umgekehrt. In diesem Moment war Björks Entscheidung gefallen. Sie erinnerte sich an Onkel Ingmars Worte. »Wenn man seinem Pferd zum ersten Mal begegnet, dann weiß man den richtigen Namen. Sonst ist es nicht das richtige Pferd – oder nicht der richtige Name.«.

War das erst heute früh gewesen? Es schien ihr viel länger her, das er ihr das gesagt hatte. Und jetzt machte es Sinn. Jetzt verstand Björk. Denn sie wusste, die hellbraune Stute da vorn, das war ihr Pferd. Sie hieß Fífill und sah auch aus wie Fífill – nämlich wie eine Löwenzahnblüte. Das Pony hatte nicht nur den Kopf gehoben, sondern neugierig und zutraulich einen Schritt auf Björk zugemacht, kaum dass Moldi gewiehert hatte. Das war bestimmt das Zeichen, fand Björk. Ein Zeichen des Einverständnisses, dass sie Fífill war. Und dass sie bei Björk sein wollte. Sie hatten einander gefunden, so wie Onkel Ingmar es vorausgesagt hatte. Strahlend drehte sich Björk um.

Onkel Ingmar winkte und lachte zurück. Er hatte bereits ein Halfter aus seiner Packtasche geholt.

»Das machen wir deinem Pferdchen um, während es uns nach Hause begleitet«, schlug er vor. »Und wenn wir da sind, ist auch dein neuer Sattel vollständig eingeritten. Der ist nämlich von deinen Eltern. Und jetzt sag mir, Björk, meine kleine Birke. Was wird wohl dein Freund Úlfur dazu sagen?«

»Das weiß ich nicht, Onkel Ingmar«, erwiderte Björk überglücklich. »Aber ich werde ihm sagen, dass mich mein Pferd fast verpasst hätte, weil es Löwenzahn so liebt. Und dass Moldi es gerufen hat, damit wir uns finden konnten. Dass du die allerbesten Geschichten kennst – Und dass dies mein allerallerglücklichster Geburtstag ist!«

»Und dabei ist der erst morgen!« Onkel Ingmar

lachte so dröhnend, dass die Felsen wackelten. Björk war sich ganz sicher, das gesehen zu haben. Vielleicht würde sie Úlfur auch davon erzählen, dass sie bestimmt mit Trollen verwandt war. Aber vielleicht würde sie das auch für sich behalten. Dann hatten Fífill und sie schon ihr erstes großes Geheimnis.

# Tina Caspari

# Rashida oder das Wunder der Fatme

Als die Maschine zur Landung ansetzte, spielten sie arabische Musik ein. Geheimnisvoll und fremd klang es, und das Kribbeln in meiner Magengrube breitete sich aus, kroch den Rücken hinauf und die Beine hinunter bis in die Zehenspitzen. Ich drückte meine Nase an die Fensterscheibe. In dem glitzernden Blau unter uns tauchte ein heller Streifen auf, dahinter Grün in allen Schattierungen. Weiße Würfel wuchsen zu Häusern und Hotelpalästen, mit hellem Türkis lockten Swimmingpools. Jetzt konnte man die ersten Palmen erkennen. Hinter dem Grün breitete sich eine ockerfarbene Fläche bis an den Horizont. Die Maschine zog eine Schleife und setzte auf die Landebahn auf.

Tunesien. Osterferien in Tunesien. Ich hatte es bis zu diesem Augenblick nicht richtig glauben können.

Wir schoben uns durch den Ausgang, und der Wüstenwind sprang uns an, als wolle er uns um den Hals fallen. Mamas Spinnenhut hüpfte aus der Tragetasche, und Bettina jammerte, sie hätte Sand in die

Augen bekommen. Ich trottete – noch ein wenig benommen – hinter den anderen her, beobachtete den Tanz der Staubwirbel und versuchte, die Botschaft zu entschlüsseln, die mir der Wind in die Ohren blies. Ich wusste, es war ein aufregend schönes Versprechen.

In der Flughafenhalle gab es nicht viel zu sehen, Mama und Papa warteten mit den anderen Reisenden auf unser Gepäck, und Bettina probierte die Wirkung ihrer ungewöhnlich hellblauen Augen an einem jungen, schnauzbärtigen Zollbeamten aus. Tina ist fast sechzehn, und dieses Spiel gehört bei ihr ins Hauptprogramm. Auch alles übrige an ihr kann sich sehen lassen – und sie lässt es sehen. Oder doch wenigstens ahnen. Meine blauen Augen verstecken sich hinter Brillengläsern. Sonst habe ich noch nichts zu verbergen. Ich bin dreizehn.

Als wir endlich im Bus saßen, ging hinter den Hügeln die Sonne unter, der Himmel leuchtete in Farben, wie ich sie noch nie zuvor gesehen hatte. Bäume, Büsche und Wiesen waren grün und gar nicht afrikanisch, dazwischen gab es Gemüsefelder und alle paar hundert Meter eine Schafherde, bewacht von einem Hirten im langen braunen Kapuzenmantel. Djellaba heißt das, sagte Papa. Der Busfahrer hupte Esel und Maultiere an, die beladen mit Säcken und

Reitern die Straße entlangtrippelten, jeder zweite Schritt begleitet von einem Stockschlag ihres Herrn. Ich schluckte mein Unbehagen hinunter. Meine Eltern hatten mich gewarnt: Hier galten andere Gesetze, ein Tier war nichts als ein Gebrauchsgegenstand. »Ich wünsche dir eine gute Nacht, mein Freund«, rief ich jedem in Gedanken zu, »gutes Futter und dass es deinen Herrn in der nächsten Kurve in den Dreck schmeißen möge und er nicht wieder aufsteigt! Bei Allah und dem Propheten!«

Nach einer Stunde Fahrt bogen wir in die Hoteleinfahrt ab. Ich war inzwischen so müde, dass Bettina mich heftig anstoßen musste, um mich auf das Schild mit der Aufschrift *Reitpferde* aufmerksam zu machen. Ja natürlich, das hatte ja auch im Prospekt gestanden und war ein Grund dafür gewesen, dass wir dieses Hotel gewählt hatten.

Als ich am nächsten Morgen die Fensterläden öffnen wollte, riss ein scharfer Windstoß sie mir aus den Händen. Die Sonne stand bereits hoch über dem Meer, weiße Schaumkronen tanzten auf dem Wasser, und die Wellen schlugen mit dumpfem Grollen auf den Strand auf. Ein paar Jungen bemühten sich, die hoteleigenen Sonnenschirme aufzustellen, und ein alter Mann führte drei Kamele vorbei. Mit hängenden Köpfen und Schritten wie in Zeitlupe trotteten sie hinter ihm her. Die Luft biss mich in die Nase, so frisch und salzig roch sie.

Und dann sah ich die beiden zum ersten Mal – Jalel und seine Stute. Eine grauweiße Wolke erhob sich zwischen Meer und Strand weit hinten am Horizont, wirbelnd, vorwärts drängend in weit ausgreifenden Sprüngen, bekam Beine, Kopf und Mähne. Dicht darüber jetzt der Kopf des Reiters, verhüllt mit einem weißen Tuch, der Körper flach auf den Pferdehals geduckt, nur der Arm mit der Peitsche hoch erhoben.

»Tina, schnell, sieh dir das an! Da galoppiert einer unten am Strand entlang! Was für ein Pferd!«

Es dauerte kaum einen Atemzug lang, da stand Bettina neben mir.

»Blauschimmel, schön! Typischer Araber, zierlich, zäh und edel. Der kleine Kopf, die Mähne – los, wir müssen hin!«

Der Reiter war jetzt auf unserer Höhe und hatte zum Schritt durchpariert. Ungewaschen schlüpften wir in unsere Shorts und T-Shirts und rasten zum Strand hinunter. Aber als wir am Wasser ankamen, war von den beiden keine Spur mehr zu sehen. Dafür näherten sich uns gleich zwei ungebetene Kavaliere, der eine, etwa so alt wie ich, schleppte einen Korb mit Töpferwaren und bemühte sich, uns einen

Krug anzudrehen, der andere, ein Furcht einflößender Riese mit Goldzähnen, versuchte das Gleiche mit einem Arm voller Silberkettchen. Wir schüttelten energisch die Köpfe und drehten uns abrupt um.

»Da, Tina! Da kommt er zurück!«

Wir rannten dem Reiter um die Wette entgegen. Er bemerkte unser Interesse schnell, wenige Meter vor uns brachte er das Pferd zum Stehen und lachte uns an. Er war jünger, als ich vermutet hatte, und ziemlich hübsch. Seine Haut hatte genau das Goldbraun, das ich mir so sehnsüchtig wünschte, und seine dunklen Augen waren mindestens so sehenswert wie Bettinas blaue.

»Want to ride? Wollen reiten?«

Statt einer Antwort schoss Bettina einen ihrer wohl dosierten Blauaugenblicke ab und weckte damit in dem Jungen die kühnsten Hoffnungen: Er nannte einen atemberaubend hohen Preis.

Bettina tat, als hätte sie das Angebot nicht gehört, und begann eine Konversation, gemischt aus Englisch, ein paar Brocken Französisch und Deutsch, gewürzt mit weiteren wimpernverschleierten Blicken. Dass man in arabischen Ländern um alles und jedes wie ein Kamelhändler feilschen muss, hatte uns Papa schon eingeschärft.

Ich will nicht behaupten, dass mir der Reiter nicht

gefiel, aber das Pferd interessierte mich wesentlich mehr. Außerdem fühlte ich mich überflüssig, wie immer, wenn Bettina aktiv wird. Ich weiß ja, dass ich mit ihr nicht konkurrieren kann. Also wandte ich mich der von dem scharfen Galopp immer noch schwer atmenden Schimmelstute zu, strich ihr über die nassen Flanken und den Hals, schob meine Hand unter die blaugraue Mähne, berührte mit der anderen die sich heftig blähenden Nüstern, schaute in die geheimnisvollen großen Augen, deren Blick über mich hinweg in weite Ferne zu gehen schien – und hatte mich in wenigen Minuten unsterblich in die rassige kleine Araberstute verliebt.

»Wie heißt sie?«, platzte ich in die plötzlich einsetzende Stille, die ein Kreuzfeuer von Blicken zwischen Bettina und dem Jungen begleitete.

»Ich?«, fuhr der Junge aus seiner Versunkenheit auf.

»Jalel.«

»Nein, die Stute meine ich!«

»Du meinst Pferd? Hat keine Name.« Es klang abfällig.

»Aber sie muss doch einen Namen haben!«, sagte Bettina entsetzt.

Jalel merkte, dass er dabei war, Punkte zu verlieren. Er besann sich schnell.

»Ah oui, bien sûr, Name ist … Name ist Rashida!«

»Rashida!« Ich sang es fast. Das Gefühl der Zärtlichkeit, das ich für die Stute empfand, schnürte mir fast die Kehle zu. »Rashida, meine Schöne, Liebe«, flüsterte ich. Ich hätte den ganzen Tag hier so stehen können, die Arme um den Pferdehals geschlungen.

Jalel und Bettina verhandelten inzwischen darüber, wann wir Rashida reiten dürften und wie viel es kosten sollte. Ob wir denn überhaupt reiten könnten? Arabische Pferde wären nichts für Anfänger. Bettina beruhigte ihn. Wir ritten beide seit Jahren. Gut, also heute Nachmittag drei Uhr. Wir würden pünktlich sein.

Als Jalel gegen halb vier endlich in wildem Galopp herankam, glänzte Rashidas Fell dunkel von Schweiß. Schaum klebte in dicken Flocken am Gebiss und zeichnete Streifen auf Hals und Körper, überall dort, wo das Lederzeug auflag.

Jalels Blicke saugten sich sofort an Bettinas blauen Augen fest, als er die Stute lachend zum Stehen brachte. Er entschuldigte sein Zuspätkommen damit, dass er zu viele Kunden gehabt hätte an diesem windigen Nachmittag, an dem es den meisten Gästen für ein Sonnenbad am Strand zu kühl war. Ob sie alle Rashida geritten hätten, fragte ich entsetzt.

Natürlich. Dazu war sie schließlich da, dazu wurde

sie von morgens bis abends den Strand entlangge-
jagt, um die Kunden zum Reiten zu animieren. Ich
brauchte sie bloß anzusehen, um Bescheid zu wissen.

»Ich will zuerst!«, sagte ich entschlossen.

Jalel und Bettina war es recht, sie waren im Augenblick ohnehin miteinander beschäftigt. Jalel
sprang aus dem Sattel, beobachtete, wie ich aufstieg
und antrabte. Das genügte ihm offensichtlich, um
ihn davon zu überzeugen, dass ich reiten konnte.

Rashida fiel automatisch in einen leichten Galopp.
Vermutlich wartete sie darauf, dass ich sie heftig an-
trieb. Ich ließ sie laufen, bis wir außer Sicht waren,
dann parierte ich zum Schritt durch und ließ die Zügel lang. Wenn alle anderen nichts Besseres zu tun
hatten, als Rashida bis zur Erschöpfung zu jagen,
sollte sie sich bei mir erholen können. Und das würde ich von nun an jeden Tag so halten, bis die Ferien vorüber waren.

Leise sprach ich auf die Stute ein, erzählte ihr von
meinem Plan und sagte ihr, dass sie das schönste
Pferd sei, das ich jemals gesehen hatte. Rashida
schnaubte, warf übermütig den Kopf in die Höhe
und sah aufmerksam um sich. Ihr lebhaftes Ohren-
spiel verriet mir, dass sie sich wohl fühlte. Immer
wieder klopfte ich ihr überschwänglich den Hals oder
beugte mich vor, um ihr noch ein wenig näher zu

sein. Rashida. Ein Satz fiel mir ein, den ich kürzlich in einem Buch über arabische Pferde gelesen hatte. »So sprach der Prophet: ›Der böse Geist wagt nicht, in ein Zelt einzudringen, in dem ein Pferd reinen Blutes sich aufhält. Jede Nacht steigt ein Engel zu jedem Pferd hernieder, küsst seine Stirn und wünscht dem Besitzer Segen.‹« Erst jetzt glaubte ich, diesen Satz wirklich zu verstehen.

Einige Tage später machten die Eltern einen Ausflug mit uns. Im Nachbardorf fand ein Kamelmarkt statt, außerdem gäbe es da noch eine besondere Überraschung für uns, hatte Papa versprochen.

Das Gewühl auf dem von einer Mauer umgebenen Platz war beängstigend. Nur wenige Kamele standen in einer Ecke, dafür drängten sich Rinder, Schafe und Ziegen zu ganzen Herden zwischen den Hirten, Händlern und Schaulustigen. Schafe und Lämmer waren zu dutzenden mit den Köpfen zusammengebunden, wie ein Reißverschluss verzahnt und konnten sich kaum rühren. Der Boden war glitschig und zertreten von den vielen Hufen, und es roch nach Kuhfladen und Schafsmist. In ihre erdbraunen Djellabas gehüllt, palaverten ein paar alte Bauern, andere handelten offensichtlich, sie stritten so laut, dass ich fürchtete, sie würden einander an die Kehle gehen.

Papa sah mich lächelnd an. »Angst?«

Ich zuckte mit den Schultern, aber mein Gesicht sprach vermutlich Bände. Wohl fühlte ich mich in diesem Gedränge wirklich nicht. Papa winkte den anderen und führte uns zu einem breiten Tor, das zu einem weiteren Hof führte. Hier musste man Eintritt zahlen, eine Bretterwand versperrte die Sicht, dahinter erklang Musik, man hörte Applaus und Zurufe.

Zuerst sah ich nur ein paar geschmückte Pferde an der Mauer stehen, Sattel und Zaumzeug klirrend von Silberbeschlägen, die Satteldecken bunt bestickt, Kordeln und Bänder in die Mähnen geflochten. Daneben die Reiter in ihren weiten Pluderhosen, deren Schritt irgendwo zwischen Kniekehle und Wade hängt, reich verzierte Gürtel und Westen und auf den Köpfen den Chech, den langen, vielfach gewickelten Schal, der wie ein überdimensionaler Verband Haare, Hals und Schultern umhüllt.

Aus dem von Zuschauern dicht umringten Rund dröhnten die Klänge der Trommeln; Tamburine und Schellen, Blasinstrumente fielen ein, mischten sich mit dem Singsang der Zurufe zu einem quäkenden, aufreizenden Konzert.

Papa bahnte uns eine Gasse durch die dichte Menschenmenge, und nun konnten wir den Sandplatz sehen, auf dem ein Reiter in scharfem Galopp seine Kreise zog, sich auf dem Pferd mit ausgebreiteten Armen aufstellte, fallen ließ, um gleich darauf seitlich aus dem Sattel zu hängen, bis er mit der ausgestreckten Hand fast die Erde berührte, und schon saß er wieder oben, stützte sich mit beiden Händen auf den Sattel und schwang seinen Körper waagerecht im Kreis. Nach zwei, drei Runden jeweils ließ er sein Pferd unvermutet steigen, als bäume es sich in wildem Ungehorsam auf.

Ich erkannte den Reiter und das Pferd nicht sofort. Mein Blick haftete an den mittelalterlichen, gewaltigen Sporen, deren scharf gezahnte Räder sich wieder und wieder in das Fell der Schimmelstute bohrten und blutige Spuren hinterließen. Dann sah ich sie.

»Rashida!«

»Jalel!«

Bettina und ich schrien gleichzeitig auf. Doch die gleichen Gefühle teilten wir nicht. Denn während Bettinas Herz dem arabischen Jungen mit seinen akrobatischen Reitkünsten zuflog, krampfte sich mir beim Anblick der erbarmungslos auf das Pferd einhämmernden Sporen alles zusammen.

Das Tempo der Musik steigerte sich. Die Zuschauer klatschten im Rhythmus mit und feuerten den Reiter mit ihren Zurufen an, arabische und europäische

Laute mischten sich zu einem aufpeitschenden Lärm. Immer wieder musste sich die kleine Stute unter der rasselnden Last ihrer kriegerischen Aufzäumung hoch aufbäumen. Ich konnte es nicht mehr mit ansehen. Ich lief fort, drängte mich durch eine Gruppe alter Bauern, die mit ihren Teegläsern am Torbogen standen und, zufrieden mit einem guten Handel, das Geschehen von weitem verfolgten. Ich schlängelte mich durch das dichte Gedränge auf dem Kamelmarkt und stand schließlich aufatmend auf der Straße. Auch hier boten ein paar Händler ihre Waren feil. Lederzeug, Keramik, fein ziseliertes Messing- oder Kupfergeschirr, Schmuck. Ich mied ihre Blicke und tat, als hielte ich angestrengt nach jemandem Ausschau.

»Mademoiselle! Geschenk für dich!«

Jemand drückte mir einen kleinen Gegenstand in die Hand. Erschrocken blickte ich auf. Ein alter Mann mit zerfurchtem Gesicht, die Haut so dunkelbraun wie seine Djellaba, den zahnlosen Mund zu einem freundlichen Grinsen verzogen, wies auf das Kettchen mit dem Anhänger in meiner Rechten.

»Drei Dinar! Ist gut, gut Schutz für dich. Hand von Fatme! Hand von Fatme alle Leute schützt!«

Davon hatte ich schon gehört. Überall sah man sie, die fünf Finger der Fatme, der Tochter des Propheten, die Glück bringen und vor allem Bösen schützten sollten. Über den Haustüren auf bunten Kacheln konnte man sie entdecken, man trug sie als Amulett an Armbändern und Halsketten. Kritisch betrachtete ich das zierliche Schmuckstück. Es war hübsch. Aber drei Dinar! Ich schüttelte den Kopf und gab dem Alten sein »Geschenk« zurück.

»Ist gut für dich! Hat große Macht! Kann machen Wunder!«, beharrte er mit solchem Ernst, dass ich meinen Blick nicht von ihm abwenden konnte. »Hand von Fatme dir helfen in Not!«

Ich war nicht fähig weiterzugehen. Und während ich ihn anstarrte, kam mir ein verrückter Gedanke. Aber vielleicht war ich gar nicht verrückt?

Papa hatte jedem von uns ein wenig Geld gegeben, damit wir uns ein Andenken kaufen konnten. Rasch entschlossen zog ich mein Kapital aus der Tasche und streckte es dem Alten entgegen.

»Zwei Dinar, mehr habe ich nicht.«

Das Kettchen fiel in meine Hand. Tief aufatmend schaute ich auf den kleinen, im Sonnenlicht aufblitzenden Anhänger hinunter. Es schien mir, als würde die Hand unter meinen Blicken lebendig, als bewegten sich die Finger. Natürlich bildete ich mir das nur ein. Oder doch nicht? Fragend sah ich auf. Der Alte war spurlos verschwunden.

Als Bettina und ich abends im Bett lagen, konnte ich meine Vorwürfe nicht länger zurückhalten. Wie hatte sie sich diese Tierquälerei nur mit ansehen können! Sie sei doch früher nicht so gefühllos gewesen! Bettina tat erstaunt. Ich meinte doch wohl nicht die Reiterspiele? Ich hätte doch kaum etwas davon gesehen! Er sei einfach fantastisch, dieser Jalel, noch nie habe sie bei einem Reiter ein solch akrobatisches Können gesehen, eine unvorstellbare Leistung! Ich lachte bitter auf. Und das geschundene Pferd sei ihr egal, wie? Lächerlich, was ich denn schon davon verstünde! Diese arabischen Pferde könne man mit unseren gar nicht vergleichen, sie seien seit Jahrhunderten auf solche Härten hingezüchtet.

Immer diese Übertreibungen von mir, diese übertriebene Sentimentalität, aber das kenne sie ja nun schon. Vermutlich sei ich wieder mal eifersüchtig. Übrigens müsse sie mir mitteilen, dass Jalel sie auf den elterlichen Hof eingeladen habe. Da züchteten sie Pferde. Und nächstes Jahr würde er sich eine Arbeit in Deutschland suchen, damit sie einander so oft wie möglich sehen könnten.

Ich gab keine Antwort mehr. Auf einmal schienen mir Welten zwischen uns zu liegen. Bettina liebte Jalel, aber ich – ich liebte Rashida. Mit aller Zärtlichkeit, aller Kraft, aller Fürsorge, aller Hingabe, derer ich fähig war. Ich nahm leise das Kettchen vom Nachttisch und schloss fest meine Hand darum. »Hilf, Fatme!«, dachte ich »Wenn du wirklich Wunder tun kannst, dann hilf, liebe Fatme, mach, dass Rashida nie mehr so gequält wird. Beschütze sie!« Ich wiederholte meine Bitte inständig, so lange, bis ich darüber einschlief.

Wie immer trafen wir uns am frühen Nachmittag mit Jalel. Rashida schien erschöpft zu sein, kein Wunder bei den Anstrengungen des vergangenen Tages. Und wie immer bat ich, als Erste reiten zu dürfen. Ich ließ Rashida die Zügel lang, damit sie sich ausruhen konnte. Bettina und Jalel beachteten mich ohnehin nicht. Als ich außer Sichtweite war, hielt ich an und zog das Kettchen aus der Hosentasche. Mir war aufgefallen, dass Jalel sich nicht die Mühe machte, die Mähne der Stute täglich zu kämmen. Wenn ich Glück hatte, würde er das Kettchen nicht so bald entdecken. Und vielleicht hatte der Schutz der Fatme bis dahin schon gewirkt! Ich tastete nach einer geeigneten Stelle unter den Mähnenhaaren und flocht den kleinen Glücksbringer so ein, dass man ihn von außen nicht sehen konnte. Noch einmal wiederholte ich meine Bitte: »Beschütze Rashida, Fatme! Gib ihr ein glückliches Pferdeleben! Niemand soll sie quälen, niemand sie schlagen, Fatme, darum bitte ich dich!«

Ein bisschen komisch kam ich mir schon dabei vor, aber es war mir egal. In drei Tagen flogen wir zurück nach Deutschland, und die Sorge um Rashida würde mich begleiten. Nie würde ich das Blut an Jalels Sporen vergessen können. Ich umarmte den Hals der Stute und drückte mein Gesicht in ihre Mähne. Dann wendete ich sie und ritt Schritt zurück.

Am nächsten Tag erschien Jalel nicht am Strand.

Bettina hatte den ganzen Abend schlechte Laune.

Auch am übernächsten Tag ließ er sich nicht blicken. Bettina wurde weinerlich und unausstehlich. Mama und Papa schoben es auf das Ende der Ferien.

Unser Bus ging am Mittag darauf. Vormittags hatten wir Zeit, ein letztes Mal zum Strand hinunterzugehen. Wir setzten uns ans Wasser, streckten die Zehen den heranrollenden Brandungswellen entgegen und schwiegen.

»He, da kommt Jalel!«

Aber Bettina hatte ihn schon vor mir gesehen. Er ritt einen kräftigen Rappen und wurde von einem blonden Mädchen auf einer Fuchsstute begleitet. Die beiden lachten und waren so ins Gespräch vertieft, dass sie uns nicht bemerkten. Bettina drehte sich ruckartig zur anderen Seite. Ich sprang auf und lief ihm entgegen.

»Jalel! Wo ist Rashida?«

»Salut, Stephanie!« Er lachte. »Du willst Rashida? Rashida nicht mehr wird arbeiten, mein Vater sie nehmen nach Hause. Sie wird haben Baby, du verstehst? Viele gute Baby, er denkt. Musst du nehmen andere Pferd, tut mir Leid.«

»Mir nicht.« Ich strahlte ihn an. »Wir fliegen heute sowieso zurück. Wiedersehn, Jalel! Alles Gute! Und grüß mir Rashida«

Am liebsten hätte ich laut gesungen. Ich wollte Bettina um den Hals fallen. Aber Bettina war schon gegangen.

**Uta Over**

# Siebenstern reitet

Vor Schmerz schossen Siebenstern die Tränen in die Augen, als sie die Zügel fester packte. In der Eile des Aufbruchs hatte sie ihre Handschuhe vergessen und der Braune zog so vorwärts, dass sie ihn mit aller Kraft zurück halten musste. Als sie auf ihre Hände schaute, sah sie, dass sie bluteten.

Der Braune war zu stark für sie – sie wusste es und der Braune wusste es auch. Aber sie musste ihn reiten, sie musste durchkommen bis Vindheimmarmélar, bis zum Landsmot, wo sich alle vier Jahre die besten Reiter und Pferde Islands versammelten. Von ihr hing es ab, ob der Braune am Leben bleiben würde und es hing auch von ihr ab, ob ihre Familie weiter zu den Pferdezüchtern zählen oder ob sie von jetzt ab nur noch Bauern sein würden.

»Ich schicke kein Pferd auf den langen Ritt, das nicht durchkommt«, hatte der Vater gesagt und dabei stolz verschwiegen, dass sie auf ihrem kleinen Hof nur den einen Hengst hatten, der für den Ritt in Frage kam. Sie hatten nur den Braunen, denn die anderen Pferde waren vor vier Jahren in dem großen

Schneesturm umgekommen. Nur das kleine braune Hengstfohlen hatte überlebt und durfte am Hof bleiben, bis es alt genug war, auch mit fremden Jungpferden den Sommer im Gebirge zu verbringen.

Der Braune hatte sich langsam entwickelt. Zuerst war der Vater nicht sicher gewesen, ob er ihn überhaupt aufziehen wollte.

»Es lohnt nicht«, hatte er gesagt. »Er ist zu kümmerlich. Ich brauche kein Reitpferd. Ich brauche einen neuen Stammhengst.«

Die Mutter und Siebenstern hatten gebetet und gebettelt ihn doch am Leben zu lassen. Und der Vater hatte ihnen scheinbar ungern, im Innersten aber nur zu gern nachgegeben und den Junghengst jeden Sommer mit den Junghengsten anderer Züchter auf die entfernten Hochlandweiden geschickt. Dort gab es die besten Kräuter, aber die Pferde waren dort auch ganz auf sich gestellt. Sie lernten selbstständig über das schwierigste Gelände zu gehen und bei Regen und Gewittern Unterschlupf in Höhlen und Niederungen zu suchen.

Sogar als Vierjährigen, als der Hengst nicht mehr mit den anderen Junghengsten auf die Hochlandweiden gehen konnte, hatte der Vater den Braunen noch ungeritten frei ums Haus laufen lassen, wo das Gras fetter war als oben in den Bergen. Und die

Nachbarn hatten hinter seinem Rücken über ihn gespottet, denn mit vier Jahren gehört ein Hengst unter den Sattel.

Aber der Vater hatte noch warten wollen und er hatte Recht gehabt: Im folgenden Frühjahr entwickelte sich das bisher magere und schlacksige Jungpferd zu einem Hengst mit selbstbewusster Haltung und starken Muskeln. Jetzt legte der Vater ihm den Sattel auf und ritt ihn ein. Der Braune war schwierig, denn er war lange frei gewesen und duldete nur ungern den Zwang des Sattels und das Reitergewicht. Ein über das andere Mal warf er protestierend den Kopf hoch, dass die lang Mähne nur so flog. Doch der Vater war ein erfahrener und geduldiger Reiter und im Herbst war der Hengst kraftvoll und schön und prächtig unter dem Reiter anzusehen, ungebrochen in seiner Kraft, aber willig dem Menschen gehorchend.

Der Vater begann davon zu reden, mit ihm zum Landsmot zu reiten. Der Braune war jetzt fünf Jahre alt und alle fünfjährigen Hengste, deren Besitzer Ehre einlegen wollten, mussten die hundert Kilometer an einem Tag laufen. Dann wurden sie in Vindheimmarmélar im großen Rund der vielen tausend Reiter mit gellenden Freudenpfiffen begrüßt. Nicht alle Hengste kamen durch. Viele mussten unterwegs aufgeben, manche starben an Überanstrengung. Es war die härteste Leistungsprüfung, die ein isländischer Pferdezüchter seinem Pferd auferlegte. Aber der Hengst, der sie bestand, war ab dann geehrt und wurde nicht selten Stammvater vieler neuer Sieger.

Drei Tage vor dem Ritt war Siebensterns Vater über einen Holzbalken gestolpert und hatte sich den Fuß verstaucht. Das Bein war angeschwollen und schmerzte stark und der Vater hatte geflucht, dass sich die Mutter die Ohren zugehalten hatte. Siebenstern wurde hinters Haus geschickt, damit sie die Lästerungen nicht hörte. Aber sie hatte dennoch alles gehört.

Lange hatte sie ängstlich neben dem Hengst gesessen und sich gefragt, was nun werden sollte.

»DU reitest zum Landsmot«, hatte der Vater am nächsten Morgen erklärt und Siebenstern war fast das Herz stehen geblieben. Niemals hatte sie daran gedacht, den braunen Hengst zu reiten. Sie war jetzt elf Jahre alt und nachdem die Herde im Schneesturm umgekommen war, hatte der Vater ihr und der Mutter zwei gute zuverlässige Reitwallache gekauft, kräftige isländische Pferde, die Meile um Meile durchhielten. Aber gegen den braunen Hengst waren sie ein Nichts und Siebenstern bekam Angst.

»Er ist zu groß für mich«, sagte sie zögernd.

»Ich weiß«, erwiderte der Vater und kniff die Lippen

zusammen, bis sie ganz schmal waren. »Aber es bleibt uns nichts anderes, du musst ihn reiten. Sonst kann ich ihn nicht behalten, das musst du verstehen. Sag der Mutter nichts«, fügte er leise hinzu, »sie würde nicht zustimmen.«

Siebenstern sah ein, dass sie der Mutter nichts sagen durfte. Sie ging zu dem Hengst und es wurde ihr kalt vor Angst, wenn sie sich vorstellte, dass sie den großen Braunen über hundert Kilometer reiten sollte, denn sie wusste, dass sie nicht viel Kraft hatte.

Die Mutter ahnte nicht, warum Siebenstern so still herumging. Sie dachte wohl, es sei, weil der Vater nicht zum Landsmot reiten konnte.

Aber der Vater wusste, was in seiner Tochter vorging. »Hab keine Angst«, er legte den Arm um sie als beide am Abend noch einmal bei dem Hengst standen. »Er wird laufen – du musst nur Mut haben. Er ist so ein gutes Pferd...« Seine Stimme war ungewohnt weich.

So standen sie lange beisammen und wie so oft in diesen warmen Nächten bat Siebenstern den Vater ihr zu erzählen, warum er sie Siebenstern nannte, denn sie war auf einen anderen Namen getauft. Sie kannte die Geschichte genau, aber sie wollte sie immer wieder hören. Und der Vater erzählte sie immer wieder gern.

Es musste damals eine Nacht wie diese gewesen sein, als sie zur Welt kam. Der Vater hatte Stunde um Stunde angstvoll vor dem Haus gesessen und auf das Kind gewartet. Er hatte sogar gebetet, was er sonst nicht tat. In dem Moment, als das Siebengestirn fast gleichzeitig mit dem Morgenlicht am Himmel aufstieg, hörte er einen dünnen Schrei: Seine Tochter war geboren. »Diesen Augenblick werde ich nie vergessen«, hatte er gewusst. Und so nannte er seine Tochter zärtlich Siebenstern, obwohl sie eigentlich Thördis hieß.

»Du darfst seinen Namen bestimmen, wenn du durch kommst«, hatte der Vater noch gesagt, denn der Braune hatte noch keinen Namen. Den würde er erst in Vindheimmarmélar bekommen.

Daran dachte Siebenstern jetzt, als sie auf ihre kalten klammen Hände schaute. Nicht viele Väter liebten ihre Töchter so, wie ihr Vater sie liebte und kaum einer hätte einem kleinen Mädchen solch einen Hengst anvertraut, die Hoffnung der ganzen Familie. Manch einer hätte einen anderen Mann gebeten den Hengst zu reiten. Aber ihr Vater vertraute ihr.

»Lass ihn nicht voll rennen«, hatte er gesagt, als er sie auf den Hengst hob. »Er ist stark und ehrgeizig und will die anderen überholen und der schnellste sein. Lass es nicht zu! Halte ihn zurück, die Strecke ist zu lang! Er kann rennen, wenn er in Vindheimmarmélar ankommt, bis dahin spare seine Kräfte.«

Siebenstern war bang geworden, als sie die Männer um sich sah, die sich auf der großen Ebene versammelt hatten, um gemeinsam zum Landsmot zu reiten. Sicher, es waren auch ein paar halbwüchsige Jungen da, aber sie waren alle älter als sie. Und kein einziges Mädchen war dabei.

Die Mutter hatte sich gewehrt und sich mit dem Vater gestritten. Es hatte ernsthaften Streit gegeben, als er am Morgen den Hengst sattelte und erklärte: »Siebenstern reitet!«

Aber jetzt war es zu spät: Der Vater hatte entschieden und Siebenstern wollte reiten. Die Mutter gab nach.

Siebenstern saß zum ersten Mal auf dem braunen Hengst. Sie spürte seine Kraft und wusste, dass er stärker war als sie. Der Startschuss überraschte sie und warf sie fast aus dem Sattel, denn der Braune schoss los, als ob es um sein Leben ginge. Mit ihm galoppierten fünfzig andere Pferde über die Ebene. Staub wirbelte auf, Lachen und Geschrei und anspornende Rufe hallten durch die Luft – das große Rennen begann.

Nur kurz ließ Siebenstern den Hengst voll laufen, auch weil sie gar nicht halten konnte. Doch dann dachte sie an die Worte ihres Vaters und versuchte ihn zurück zu halten, damit er sich nicht verausgabte. Aber der Braune war stark, er setzte seine Kraft gegen ihren Willen. Siebenstern zog an den Zügeln, bis die Hände bluteten. Der Braune biss sich auf der Trense fest und rannte weiter. Siebenstern wurde zornig, dann versagte ihre Kraft.

Aber sie wollte ihn nicht sinnlos rennen lassen. Er sollte seine Kraft nicht auf den ersten Kilometern erschöpfen. Er sollte hundert Kilometer laufen und im Rund der Zelte in Vindheimmarmélar nicht müde ankommen, sondern mit stolz erhobenem Kopf die Ehrenrunde tölten, so wie alle großen Hengste Islands. Und dann würde sie ihm einen der schönen Namen geben, die sie sich in den letzten Tagen ausgedacht hatte. Náttfari vielleicht, der Nachtmar, wie der berühmte schnelle Rennpasser. Oder Sleipnir, wie Odins, des heidnischen Gottes Hengst. Vielleicht auch Vindur, weil er schnell war wie der Wind. Sie hatte sich noch nicht entschieden.

»Hör auf«, schrie sie ihn an. »Ich kann dich nicht mehr halten! Du musst aufhören! Ich kann nicht mehr!«

Und tatsächlich: Der Hengst wurde langsamer. Er fiel hinter den anderen davon stiebenden Reitern zurück und legte Meile um Meile im gleichmäßigen

Tölt zurück. Siebenstern sah viele Reiter aufgeben, die vor ihr geritten waren. Ihre Pferde standen müde und ausgepumpt am Wegrand, wenn sie mit ihrem Hengst an ihnen vorbeiritt. Stunde um Stunde saß sie im Sattel. Sie achtete auf die Wegmarkierungen in der Ebene, auf den Hügeln und später beachtete sie die Kreidezeichen auf der Straße, die alle aufs Landsmot hinwiesen.

Stunde um Stunde töltete der Hengst. Siebenstern erlaubte ihm keinen Trab und keinen Galopp – seine Gangart war der Tölt, darauf waren seine Vorfahren seit tausend Jahren gezüchtet worden. Er sollte sein Durchhaltevermögen im Tölt beweisen, das hatte der Vater ihr eingeprägt. Niemand würde es nachprüfen können, aber sie würde es wissen...

Morgens früh war Reif auf der Ebene gewesen und es war kalt. Aber gegen Mittag brannte die Sonne in den Tälern. Einmal ließ Siebenstern den Hengst rasten, die Beine im Bach kühlen, ein paar Schlucke Wasser und ein Büschel Gras nehmen. Sie saß nicht ab, denn sie wusste nicht, ob er dulden würde, dass sie wieder aufstieg.

Sie wies alle Hilfe zurück auf diesem Ritt. Niemand brauchte ihr Pferd zu halten, als man ihr mittags auf einem der großen Rastplätze ein Glas Wasser und ein Brötchen anbot und sie machte auch nicht Halt.

»Ich muss weiter«, sagte sie nur und lenkte den Hengst durch die Menschengruppen.

Sie konnte an nichts denken als daran, dass sie durchkommen musste. Vor vier Jahren hatte der Vater sie mit zum Landsmot genommen. Sie war damals noch klein gewesen, aber nie, nie würde sie es vergessen: Die vielen hundert Pferde, die dort versammelt waren, das Wiehern und Rufen, der Geruch der Herden, das schnelle Trappeln des Tölts und das fliegende Geräusch des Rennpasses. Sie musste dort hin, sie musste es schaffen!

Gegen Abend wurde es wieder kalt. Sie begann im Sattel zu frieren, vielleicht auch vor Erschöpfung, allein unterwegs. Manchmal ritt sie, den Kreidezeichen folgend, über Straßen, später tauchten kleine Siedlungen auf. Manchmal überholte sie einen Reiter, manchmal wurde sie überholt. Sie war zu müde, um darauf zu achten.

Ihre Finger bluteten nicht mehr, der Braune töltete jetzt gleichmäßig und schnell am durchhängenden Zügel, leicht und willig ihren Anweisungen folgend. Kilometer um Kilometer ging er über Wiesen und Wege, über Brücken und steinigen Boden – und dann endlich genau so eifrig und schnell durch die Menschengruppen, die in Vindheimmarmélar den Weg säumten, um die Hengste zu empfangen, die den langen Weg geschafft hatten.

Die Zuschauer sahen ein schmächtiges Mädchen mit langem blonden Zopf und blassem, sehr müden Gesicht auf einem braunen Hengst sitzen, der viel zu mächtig für sie zu sein schien. Aber der Hengst ging unter ihr vorwärts wie von einem starken Willen oder einem großen Einverständnis gelenkt.

Am Eingang zum Großen Rund straffte sich das Mädchen, es nahm die Zügel auf und schnalzte leicht – zum ersten Mal sahen die Zuschauer eine Einwirkung auf das Pferd. Und der Hengst hob stolz den Kopf und töltete durch die Runde der Zuschauer, als wäre er nicht am Ende, sondern am Anfang eines langen Weges.

»Vater muss ihn sehen«, dachte Siebenstern, »und Mutter. Ich muss ihnen sagen, dass ich jetzt weiß, wie er heißen soll.«

Der Vater und die Mutter standen am Ziel und Siebenstern fiel aus dem Sattel in ihre Arme. Aber sie war zu erschöpft, um ihnen zu sagen, wie der Hengst heißen sollte.

Erst am nächsten Morgen sagte sie: »Er soll Brún heißen, wie wir ihn immer genannt haben. Ganz einfach Brún. Er braucht keinen Namen, den früher berühmte Hengste hatten, Brún wird selbst berühmt werden.«

# Carola von Kessel

# Cäsar und Cleopatra

Die Sonne flimmerte über den Turnierplatz und tauchte den Schimmel im Dressurviereck in gleißendes Licht, sodass Nicola sich geblendet abwandte. Neben sich hörte sie den Futtermeister Robert murmeln: »Sehr gut, die Trabtraversalen ... die Einer-Galoppwechsel, perfekt ...« Da wusste Nicola, dass ihre Mutter beste Chancen hatte, auch in diesem Jahr wieder Deutsche Meisterin im Dressurreiten zu werden.

Als Nicola am nächsten Tag vor der Schule die Treppe zu ihrem Klassenzimmer hinaufstieg, stürzten wie so oft dutzende von Mädchen auf sie zu.

»Warst du dabei, als deine Mutter die Meisterschaft gewonnen hat?«, wollte die eine wissen.

»Hast du auch schon mal auf dem Turnierpferd deiner Mutter gesessen?«, bestürmte sie eine andere und ein drittes Mädchen fragte, ob Nicola ihr ein Autogramm von ihrer Mutter besorgen könnte.

Nicola hasste diesen Trubel. Oft wünschte sie sich, die Tochter einer ganz normalen Hausfrau oder Sekretärin zu sein. Aber nein: Ausgerechnet ihre Mutter musste eine Weltklasse-Dressurreiterin sein – die berühmte Mona Murrmann, die jedes Kind kannte!

Jetzt schob sich Nicolas Freundin Lisa durchs Gewühl und hakte sich bei ihr ein. »Mach dir nichts draus«, raunte Lisa in Nicolas Ohr. »In zwei, drei Tagen ist der Rummel wieder vorbei.«

Nicola nickte und drückte dankbar Lisas Arm.

»Kommst du heute Nachmittag mit ins Schwimmbad?«, erkundigte sich Lisa.

Doch Nicola schüttelte den Kopf. »Ich habe Robert versprochen, heute mit ihm Futter zu holen«, entgegnete sie. »Tut mir Leid.«

»Schon okay«, meinte Lisa und lächelte. Sie wusste, wie sehr Nicola an dem alten Futtermeister hing. Manchmal dachte Lisa, dass Robert für Nicola eine Art Vaterersatz war. Denn Nicolas echter Vater war vor über zehn Jahren nach Neuseeland ausgewandert und hatte sich seitdem nicht mehr blicken lassen.

Während Lisa sich nachmittags im Freibad die Sonne auf den Bauch scheinen ließ, kletterte Nicola neben Robert auf den Beifahrersitz seines alten Lieferwagens.

»Heute fahren wir zu einem neuen Futterhändler«, erklärte Robert, während er in die Landstraße einbog. »Er bietet ein besonders magnesiumhaltiges Futter an, das die Muskelfunktion unterstützen soll. Davon möchte ich heute ein paar Säcke zum Probieren mitnehmen.«

»Ist das Futter für White Boy?«, erkundigte sich Nicola. Der Oldenburger Wallach White Boy war zurzeit das Spitzenpferd ihrer Mutter.

»Ja, genau«, erwiderte Robert und warf ihr einen kurzen Seitenblick zu. »Sag mal, Nicola«, begann er dann vorsichtig, »wieso reitest du eigentlich in letzter Zeit überhaupt nicht mehr? Hat das irgendeinen besonderen Grund?«

Nicola biss sich auf die Unterlippe. Dann seufzte sie und sagte: »Weißt du, Robert – ich habe einfach keine Lust, überall als Mamas Nachfolgerin betrachtet zu werden. Ich mag Pferde wirklich gern, aber es macht mir keinen Spaß, die teuren Turnierpferde zu reiten und ständig darauf zu achten, dass ich ja nichts falsch mache. Und außerdem ...«, Nicola holte tief Luft, denn nun kam noch ein wichtiger Grund, »außerdem tun mir Mamas Pferde ganz schön Leid. Sie kommen nie auf die Koppel und stehen die ganze Zeit im Stall. Das finde ich nicht richtig. Pferde brauchen doch Bewegung und Licht und Luft – und nicht immer nur Training und Turniere.«

Jetzt war es raus und Nicola fühlte sich richtig erleichtert. Gespannt wartete sie auf Roberts Antwort.

Der Futtermeister nickte bedächtig. »Das stimmt«,

sagte er. »Die Pferde leben bei uns nicht gerade natürlich, da hast du Recht.« Nachdenklich meinte Robert: »Vielleicht sollte ich mit deiner Mutter mal darüber reden, wie wir das Leben der Pferde schöner gestalten können.«

Jetzt setzte Robert den Blinker und sie bogen in einen alten Vierkanthof ein. »Futtermittel Sonnenborn« stand auf einem großen Schild vor dem Haupthaus und Robert brachte den Lieferwagen zum Stehen.

»Kommst du mit rein?«, wollte er von Nicola wissen, doch die hatte zwei süße Katzenbabys entdeckt, die auf dem Kiesweg vor dem Nebengebäude herumtollten.

»Ich bleibe lieber hier bei den Kätzchen«, sagte sie und stieg aus.

Robert verschwand im Haupthaus und Nicola spielte mit den kleinen Katzen. Doch da hörte sie etwas, das ihre Aufmerksamkeit erregte: Aus der Scheune nebenan drang immer wieder dumpfes Poltern!

Nicola horchte neugierig auf. Was war das? Kurz entschlossen lief sie zum Scheunentor, schob den Riegel zur Seite und huschte hinein.

Drinnen erlebte sie eine Überraschung: Da stand ein fuchsfarbenes, kleines Pferd mit wuscheliger Mähne in einer großen Laufbox. Genauer gesagt: Es stand eigentlich nicht, sondern es wütete zornig in der Box herum und schlug ungeduldig mit den Hufen gegen die Wand.

»Na, du Schöner«, sagte Nicola leise und hielt dem Wallach die Hände hin. »Dir ist langweilig, was?«

Interessiert schnupperte das Pony an ihren Händen und ließ sich jetzt von Nicola die Stirn kraulen. Während Nicola sich streichelnd allmählich über den Kopf und Rücken zu seiner Hinterhand vorarbeitete, begann sich der Fuchs zu beruhigen. Schließlich stand er mit gesenktem Kopf und halb geschlossenen Augen ganz entspannt da.

»Du bist aber liebesbedürftig«, sagte Nicola zärtlich und massierte nun die andere Pferdeseite von hinten nach vorne, bis sie wieder am Kopf ankam. Nicola spürte, dass es lange her sein musste, dass dieses Pferd mit Liebe behandelt worden war. Umso mehr rührte es sie, dass der Fuchswallach ihre Berührungen so genoss.

Jetzt flog der Kopf des Ponys plötzlich hoch und gleichzeitig hörte Nicola draußen auf dem Hof Männerstimmen.

»Tschüss, mein Süßer«, sagte sie liebevoll zu dem Fuchs. »Ich muss gehen – aber ich komme bald wieder. Versprochen!«

Der Wallach hörte zwar den aufmunternden Klang ihrer Stimme, doch als Nicola jetzt hinauslief, krachten seine Hufe wieder gegen die Boxenwand. Die freundliche Zweibeinerin mit den einfühlsamen Händen konnte doch nicht einfach ohne ihn weggehen!

Draußen stand Robert mit einem jungen Mann neben dem Lieferwagen.

»Wo hast du denn gesteckt?«, wollte Robert wissen, als Nicola atemlos angelaufen kam.

»Ich war bei dem Pferd da drüben in der Scheune«, berichtete sie aufgeregt.

»Ach, du hast mit Cäsar Bekanntschaft gemacht?!«, sagte der junge Mann überrascht. »Und – gefällt er dir?«

»Und wie!«, rief Nicola mit leuchtenden Augen und sie wusste selbst nicht so recht, weshalb ihr Herz auf einmal so schnell klopfte.

Der Futterhändler erklärte: »Ich habe Cäsar von einem Kunden bekommen, der seine Rechnungen nicht bezahlen konnte. Nun suche ich einen Käufer für ihn. Aber angeblich wirft Cäsar jeden ab, der sich auf seinen Rücken wagt. Und wer kauft schon ein Pony, das sich nicht reiten lässt?«

»Ich!«, sagte Nicola entschlossen und wunderte sich im gleichen Augenblick über sich selbst.

»Du?«, riefen Robert und der Händler wie aus einem Mund und starrten sie überrascht an.

»Na ja, äh, was soll Cäsar denn kosten?«, fragte Nicola und fühlte in sich nichts als den übermächtigen Wunsch, den hübschen Fuchs mit nach Hause zu nehmen.

»Über den Preis habe ich noch nicht nachgedacht«, meinte der Händler langsam. Dann gab er sich einen Ruck und sagte: »Ihr könnt Cäsar für fünfzehnhundert Euro haben. Schließlich bin ich froh, wenn er in gute Hände kommt.«

Nicola wusste, dass sie auf ihrem Sparbuch ungefähr zweitausend Euro hatte – aber natürlich war ihr auch klar, dass die laufenden Kosten für Futter, Tierarzt und Hufschmied viel teurer waren als der Anschaffungspreis.

Als könnte er ihre Gedanken lesen, sagte Robert jetzt: »Ich glaube, das müssen wir erst mit deiner Mutter besprechen, Nicola.«

»Du kannst gerne das Telefon in meinem Büro benutzen, wenn du zu Hause anrufen willst«, bot der Futterhändler an.

Das ließ Nicola sich nicht zweimal sagen. Wenig später hatte sie ihre Mutter an der Strippe – und die willigte tatsächlich ein!

»Wenn du das Pony von deinem eigenen Geld

kaufst, kannst du es mit heimbringen«, sagte Frau Murrmann und fügte noch hinzu: »Aber du musst dich selbst darum kümmern.« Doch das war für Nicola ohnehin selbstverständlich!

Nicola konnte ihr Glück kaum fassen, als noch am gleichen Abend Cäsar in den noblen Stall der Murrmanns einzog. Am nächsten Tag baute sie als Erstes einen Auslauf für Cäsar, sodass der Wallach selbst entscheiden konnte, ob er in seine Box gehen oder lieber draußen bleiben wollte. Vom Auslauf aus führte ein Tor zur benachbarten Obstwiese – aber hier durfte Cäsar täglich nur für ein paar Stunden grasen, damit er nicht zu dick wurde.

Für Cäsar und Nicola begann nun eine wunderbare Zeit. Jeden Tag ging Nicola mit dem temperamentvollen Fuchs spazieren, longierte ihn und übte vom Boden aus die verschiedensten Lektionen ein. Immer wieder war sie überrascht, wie bereitwillig Cäsar alles mitmachte. Ob er sich wohl wirklich nicht reiten ließ?

Nicolas Mutter beobachtete wohlwollend, wie ihre Tochter mit dem Wallach umging. Doch sie hütete sich davor, Nicola zum Reiten zu drängen.

Dafür drängte Lisa umso mehr. »Komm – du musst wenigstens mal ausprobieren, wie Cäsar sich unter dem Sattel macht«, meinte Nicolas Freundin immer wieder. Und eigentlich war auch Nicola selbst neugierig ...

Eines Samstags, als Nicolas Mutter und Robert auf einem Turnier waren, wagten Lisa und Nicola den ersten Versuch. Nicolas Herz klopfte bis zum Hals, als sie sich in der Reithalle auf Cäsars Rücken schwang. Aber ihre Befürchtungen schienen unbegründet: Cäsar war lammfromm – jedenfalls zu Beginn. Nicola ritt einige Runden im Schritt, dann trabte sie an und stellte fest, dass der Wallach ganz geschmeidig und taktmäßig lief. Doch jetzt kam der Augenblick, in dem Nicola die Zügel kürzer fasste – und mit einem Schlag begann Cäsar wild durch die Halle zu bocken. Wenn Lisa ihn nicht blitzschnell am Zügel gepackt hätte, wäre Nicola glatt heruntergefallen.

»Puh – was war denn das?«, fragte Nicola und versuchte zu lächeln. Doch obwohl Cäsar ihr einen gehörigen Schrecken eingejagt hatte, ritt sie noch ein paar Runden im Schritt am langen Zügel. Dann lobte sie den Wallach und beendete den Ritt.

»Vielleicht tut ihm etwas weh«, meinte Nicola, während sie Cäsar wieder zum Stall hinüberführte. »Ich lasse ihn auf jeden Fall erst einmal vom Tierarzt untersuchen.«

Aber der Tierarzt, der in der nächsten Woche kam,

konte glücklicherweise nichts finden. Cäsar war kerngesund – es musste also einen anderen Grund haben, dass er beim Reiten so bockte.

»Ich wette, er ist früher zu hart angepackt worden«, sagte Nicola. »Wahrscheinlich hat sein Reiter die ganze Zeit am Zügel gezerrt und deshalb setzt Cäsar jetzt jeden Reiter in den Sand, der die Zügel annimmt.«

Ein paar Tage später kam Lisa morgens aufgeregt ins Klassenzimmer gestürmt und wedelte mit einer Pferdezeitschrift vor Nicolas Nase herum. »Ich glaube, ich habe die Lösung für Cäsars Problem gefunden!«, verkündete sie und zeigte Nicola einen Artikel über die Westernreitweise, in der die Pferde ohne ständigen Zügelkontakt geritten werden.

Nicola war von Lisas Idee begeistert. In den nächsten Wochen verschlang sie alle Westernbücher, die sie in der Bücherei auftreiben konnte. Bald wusste sie einiges über das Westernreiten – und so kam es, dass an Weihnachten ein Westernsattel und eine gebisslose Bosalzäumung für Nicola auf dem Gabentisch lagen ...

Nicolas erste Reitversuche im Westernstil waren ein voller Erfolg. Cäsar schien es zu genießen, dass er kein störendes Gebiss in seinem Maul tragen musste, und er ließ sich in allen Gangarten problemlos reiten. Im Laufe der Zeit begann Nicola verschiedene Westernlektionen einzuüben und in den Ferien besuchte sie mit Cäsar sogar Westernreitkurse.

»Warum gehst du mit Cäsar eigentlich nicht auf Westernturniere?«, erkundigte sich Lisa eines Tages bei Nicola.

»Weil ich Turniere nicht mag«, erwiderte Nicola im Brustton der Überzeugung.

»Und woher willst du das wissen?«, entgegnete Lisa. »Du warst doch noch nie auf einem Westernturnier!«

Schließlich ließ Nicola sich breitschlagen und fuhr eines Samstags mit Cäsar zu einem Westernturnier.

Sie hatte sich für die Trailprüfung angemeldet – und Cäsar übertraf alle Erwartungen: Wie ein alter Profi stapfte er auf dem Turnierplatz über schmale Holzbrücken und Wippen, ließ sich rückwärts durch Stangenlabyrinthe dirigieren und bewies seine Nervenstärke, während Nicola einen Sack scheppernder Metallbüchsen hinter ihm herzog.

Als am Schluss die Ergebnisse bekannt gegeben wurden, traute Nicola ihren Augen kaum: Cäsar und sie hatten im Trail den ersten Platz belegt! Es dauerte nicht lange, bis sich eine riesige Traube von Reportern um sie geschart hatte. Die Tochter der berühmten Dressurreiterin Mona Murrmann stieg erfolgreich ins Westernreiten ein – das war ein gefundenes Fressen für die Reporter!

Nicola fand den Trubel schrecklich und auch Cäsar riss entsetzt die Augen auf, als wieder und wieder Fotografen mit Blitzlichtern um ihn herumsprangen. Als Nicola ihr Pony endlich wieder in den Pferdehänger führte, fasste sie plötzlich einen Entschluss: Heute hatte sie am letzten Turnier ihres Lebens teilgenommen!

Als Nicola an diesem Abend Cäsar versorgt hatte, setzte sie sich noch ein bisschen zu ihm in den Auslauf und sah ihm beim Fressen zu. Draußen wurde es dunkel und außer dem gleichmäßigen Malmen von Cäsars Zähnen war in der Abendstille kein Geräusch zu hören. Da hatte Nicola plötzlich eine Idee. »Weißt du was, Cäsar?«, rief sie und sprang auf. »Von dem Preisgeld, das wir heute gewonnen haben, kaufe ich dir ein Gesellschaftspony!«

Gesagt, getan: Schon wenige Tage später rollte wieder ein Pferdetransporter in den Hof und Nicola lud eine kleine, weiße Ponystute aus. Cäsar lief neugierig zum Zaun und wieherte aufgeregt, als Nicola jetzt mit der Stute zu ihm kam.

»Darf ich vorstellen?«, sagte Nicola und deutete auf das hübsche Stütchen. »Das ist Cleopatra, die dir ab heute Gesellschaft leisten wird.«

Cäsar machte den Hals ganz lang, schnupperte behutsam an Cleopatra herum und schmiegte dann seinen Kopf in Nicolas Arm, als wollte er sich bei ihr bedanken. Doch nun ließ Nicola die kleine Stute frei und Cäsar sauste davon, um mit Cleopatra zwischen den Obstbäumen Fangen zu spielen. Glücklich sah Nicola den beiden nach. Als der kräftige Fuchs und die kleine Schimmelstute bald vorsichtig aneinander herumknabberten, wusste sie, dass ihre Entscheidung richtig gewesen war.

»Da soll noch mal einer behaupten, Pferde hätten keine Gefühle«, sagte neben Nicola plötzlich der alte Robert, der unbemerkt näher gekommen war. »Dabei kann man deutlich sehen, wie Cäsar sich freut.« Robert zückte ein großes, weißes Stofftaschentuch, schnäuzte sich ausgiebig und sagte dann: »Deine Mutter und ich haben Cäsar und Cleopatra vom Fenster aus beobachtet. Und gerade eben hat deine Mutter beschlossen, dass auch ihre Pferde in Zukunft auf die Weide dürfen.«

»Echt?«, rief Nicola und starrte ihn ungläubig an.

»Ja, echt«, erwiderte Robert und zwinkerte ihr zu. »Ich hab' doch gesagt, dass ich mit deiner Mutter noch mal über die Pferdehaltung reden muss ...«

Gleich am nächsten Wochenende begannen Nicola, ihre Mutter und alle Stallmitarbeiter, die Wiesen hinter dem Stall pferdesicher einzuzäunen. Sie schlugen Pfosten in die Erde, schraubten Holzbalken fest und spannten Elektroseile.

Während der Arbeit sorgte Cleopatra auf der benachbarten Obstwiese für Unterhaltung. Die Ponystute war so klein, dass ihr Kopf unter den Schutzzäunen hindurchpasste, die Nicola um die Obstbäume gezogen hatte. Mit lang gestrecktem Hals angelte Cleopatra nach den Äpfeln, die unter den Bäumen lagen. Doch sie fraß nur einen Teil der Früchte selbst. Den anderen Teil trug sie mit den Zähnen zu Cäsar und legte die Äpfel fein säuberlich vor seinen Hufen ab – und das war für ein verfressenes Pony wie Cleopatra ein echter Liebesbeweis!

»Dieses Pony ist wirklich erstaunlich!«, sagte Mona Murrmann kopfschüttelnd zu ihrer Tochter. »Ich habe noch nie gesehen, dass ein Pferd freiwillig sein Futter teilt.«

»Das macht Cleopatra auch nur bei richtig guten Freunden«, meinte Nicola und blickte stolz zu ihren beiden Ponys hinüber.

In diesem Augenblick kam Cleopatra mit einem Apfel im Maul zum Zaun getrabt und legte die Frucht genau vor Nicolas Füßen auf dem Boden ab.

Plötzlich waren alle ganz still. Nicola starrte abwechselnd auf Cleopatra und auf den Apfel. Sie spürte, wie Tränen der Rührung in ihr hochstiegen – doch dann entschied sie sich schnell für das Gegenteil: Sie brach in schallendes Gelächter aus und alle anderen lachten mit.

Das Lachen der Menschen drang bis zum Stall hinüber und die Turnierpferde in ihren Boxen schnaubten zufrieden. Sie wussten zwar nicht, was draußen vorging – aber wenn die Zweibeiner so fröhlich waren, dann konnte das auch für die Pferde nur Gutes bedeuten ...

**Federica de Cesco**

# Böse Ahnung

Die Zeit verging, aber niemand kam, um die Pferde zurückzuholen. Nach einigen Monaten war es Jenny, als hätten die Tiere schon immer zu ihnen gehört. Die »Schwarze« erwies sich als ein wundervolles Reitpferd, und Flammender Stern wuchs zu einem ungestümen Füllen heran, das sich auf der Koppel nach Herzenslust austoben konnte. Es lief Jenny wie ein Hund nach und manchmal wollte es ihr sogar ins Haus folgen. Schon jetzt zeugten seine breite Brust, sein leicht geschwungener Hals von Kraft und Ausdauer, von Temperament und Feuer.

Inzwischen wurde in Cedar-Creek mit dem Bau des Forts begonnen. Die Arbeiten wurden von Major Hollands stark bewaffneter Garnisonstruppe bewacht. In der Nähe gab es keine ergiebigen Weiden und auch das Futter für das Vieh musste herangeschafft werden. Mehrere Monate vergingen, bis das Bewässerungssystem funktionierte. Solange am Fort gebaut wurde, hielten sich die Indianer nie in größerer Zahl in der Nähe auf, aber Holzfällerkommandos oder Einwanderertrecks wurden häufig angegriffen.

Abel und Jenny merkten von alledem wenig. Abel war jedoch aufgefallen, dass die Apachen sich nicht mehr bei ihm blicken ließen. Ein schlechtes Zeichen, dachte er, doch er behielt seine Gedanken für sich.

Die Jahreszeiten wechselten. Jenny half Abel im Haushalt, im Stall und auf dem Acker. Abel hatte ihr auch Lesen und Schreiben beigebracht. Sie war jetzt dreizehn Jahre alt: ein schlankes Mädchen, mit Haaren so blond wie die Mähne eines Falben. Ihr immer noch kindliches Gesicht war sonnengebräunt, ihr Hals lang und schmal. Die schweren Haus- und Feldarbeiten hatten ihre Hände rau und rissig gemacht. Sie wirkte zarter, als sie eigentlich war.

Flammender Stern war noch nicht zwei Jahre alt, als Abel mit der Dressur begann. Er legte zuerst Sattel in die Nähe des Tieres, damit es sich an den Anblick gewöhnen konnte. Nach einigen Tagen legte er ihm zum ersten Mal Satteldecke und Sattel auf. Flammender Stern wehrte sich zuerst, tänzelte nervös und zeigte das Weiße seiner Augen, aber er gewöhnte sich bald an den Sattel. Gegen das Zaumzeug wehrte er sich länger, fand sich jedoch eines Tages damit ab. Nach und nach verlor er auch seine Scheu vor Sattel und Zügel, denn er hatte herausgefunden, dass sie ihm nicht schadeten. Das Schwerste war, ihm das Mundstück am Zaumzeug anzulegen, aber schließlich gewöhnte sich der junge Hengst auch daran. Eines Morgens dann holte Abel einen Sack Korn aus dem Schuppen und legte ihn Flammendem Stern über den Sattel. Der Hengst krümmte sich, schlug aus, rollte die Augen und tanzte aufgebracht hin und her.

Abel wiederholte mehrere Tage diese Prozedur, während er das Pferd im Corral herumführte. Früher als er eigentlich beabsichtigt hatte, gab er auf Jennys Drängen nach und ritt es zum ersten Mal. Es war noch früh am Morgen. Jenny saß auf dem Corralzaun und beobachtete jede Bewegung ihres Vaters mit klopfendem Herzen. Flammender Stern stand ruhig da und zitterte nur ein wenig, als Abel die Schlinge um seinen Hals warf. Mit gespitzten Ohren und misstrauischen Augen beobachtete er Abel, der am Lasso entlang auf ihn zuging. Nach einigem Widerstreben ließ sich Flammender Stern das Mundstück anlegen. Er tänzelte, spannte den Rücken und schlug kurz aus, als Abel ihm Satteldecke und Sattel auflegte. Jenny lächelte. Später würde Flammender Stern noch lernen, sich aufzublähen, wenn die Sattelgurte angezogen wurden, aber diesen Trick kannte er jetzt noch nicht. Abel streichelte das Tier, um es zu besänftigen. Flammender Stern ließ die Ohren spielen und lauschte auf Abels leise, sanfte Worte. Er sprach mit dem Pferd in der Apachensprache. Jenny wusste, dass die Indianer solche Worte »Zauberworte« nennen, und tatsächlich schien der melodische Singsang das Tier zu beruhigen. Jenny kannte den Sinn dieser Worte, die ihr Vater ihr beigebracht hatte.

»Mein Pferd, wenn es will, ist schnell wie der Sturmwind.

Und meine Hand hält die Zügel.

Mein Pferd, wenn es will, ruft die Wolken herbei.

Und fliegt mit mir in den Himmel.«

Als Abel sich in den Sattel schwang, biss sich Jenny nervös auf die Lippen. Sie sah, wie Flammender Stern die Muskeln straffte. Seine Nüstern blähten sich. Einige Sekunden verharrte er regungslos, als ob er nicht verstand, was jetzt mit ihm passierte. Plötzlich durchlief ein heftiges Zucken seinen Körper. Seine Flanken wölbten sich, er beugte den Hals, senkte den Kopf und schlug aus, aber Abel hielt die Zügel mit eisenharten Händen. Doch kaum lockerte er die Zügel, als Flammender Stern ein schrilles Wiehern ausstieß. Er bäumte sich zu seiner ganzen Größe auf, die Hufe schlugen durch die Luft. Dann fiel er so schwer auf die Vorderhufe zurück, dass der Staub aufstieg, und drehte sich wütend um seine eigene Achse, während Abel fest im Sattel blieb. Er schien jede Bewegung des Tieres vorauszuahnen und fing jeden Sprung schon im Ansatz durch eine geschickte Gegenbewegung ab. In rasendem Tempo galoppierte das Pferd den Zaun entlang. Immer wieder wechselte es den Schritt oder versuchte, sich zu überschlagen, um den Reiter abzuwerfen. Mähne und Schweif peitschten die Luft. Immer schriller, immer wütender wurde sein Wiehern. Staub wirbelte auf. Große, feuchte Flecken bildeten sich an seinen Flanken, und aus seinem Maul trat Schaum. Plötzlich schrie Abel:

»Schnell! Mach das Tor auf!«

Jenny sprang zu Boden und gehorchte mit fliegendem Atem. Sie hatte kaum Zeit, sich zurückzuwerfen: Das Pferd jagte so nahe an ihr vorbei, dass sie die starke Ausdünstung seines dampfenden Körpers roch. Es raste den Weg entlang und unter dem niedrigen Ast hindurch. Es versuchte zuerst, Abel in die Büsche zu schleudern, und jagte dann in wildestem Galopp dem Haus entgegen. Jenny presste die Hand vor den Mund, um einen Schrei zu unterdrücken. Im allerletzten Augenblick, als Jenny Pferd und Reiter im Geist bereits gegen die Steinwand prallen sah, legte sich Abel zur Seite, schmiegte seinen Körper an die Flanke des Pferdes und ließ es wenden. Jetzt jagten Pferd und Reiter wie ein geflügelter

Schatten den Bach entlang, den Hügel hinauf und über den Kamm hinweg.

Während sich langsam hinter ihnen eine Staubwolke senkte, stand Jenny da wie gelähmt. Der Hof war plötzlich so leer und still geworden, dass sie das Klopfen ihres Herzens deutlich vernahm. Die Minuten schleppten sich quälend langsam dahin. Jenny hatte volles Vertrauen in die Geschicklichkeit ihres Vaters, aber Flammender Stern war kein gewöhnliches Pferd. Hatte es ihn möglicherweise schon abgeworfen? Lag er irgendwo verletzt am Boden? Oder stürmte der Hengst weiter in die Wüste hinaus? Jenny bohrte vor Aufregung die Fingernägel in die Handflächen. Plötzlich vernahm sie das Trommeln der Hufe, sah Pferd und Reiter hoch oben auf dem Hügelkamm und stieß einen Freudenschrei aus. Abel hatte das Pferd so lange laufen lassen, bis seine überschüssige Kraft erschöpft war. Flammender Stern war mit Schweiß und Schaum bedeckt. Aber er fügte sich seinem Reiter.

Abel schwang sich aus dem Sattel und führte das Pferd in den Corral. Mit der Nagelspitze strich er ihm leicht und zärtlich über die Stirn. Flammender Stern ließ ein müdes Wiehern hören.

»Er hat heute eine Menge gelernt«, sagte Abel. »Jetzt können wir ihn beschlagen. Die Hornschicht ist schon zu sehr über die Hufe hinausgewachsen.«

»Wann werde ich ihn wohl reiten können?«

»Schon bald, nehme ich an. Er muss zuerst seine Fähigkeiten entwickeln und sich in Geduld üben. Aber sein Kampfgeist darf nicht gebrochen werden.«

Flammender Stern wurde abgesattelt. Jenny nahm eine Hand voll Heu und rieb ihn liebevoll trocken. Dem Hengst schien diese Behandlung zu gefallen: Er wieherte leise und dankbar. Während Jenny sich mit dem Pferd befasste, schürte Abel den Schmiedeofen und erhitzte die Hufeisen. Dann legte er sie auf den Amboss und hämmerte sie zurecht. Jenny beobachtete die stiebenden Funken und lauschte auf das helle Klingen des Hammers. Flammender Stern ließ sich erstaunlich willig beschlagen. Jenny sprach mit ihm und lenkte ihn ab, während ihm Abel die Hufe beschnitt und die Eisen anpasste. Danach beschlug er auch noch die Schwarze und seine anderen Pferde. Es wurde Mittag, als sie mit der Arbeit fertig waren. Beide, Vater und Tochter, waren müde und nass geschwitzt. Unten am Bach war es kühl, eine leichte Brise wehte. Sie besprengten sich Hände und Gesicht mit Wasser und setzten sich unter einen Baum. Jenny dachte nach. Plötzlich fragte sie:

»Gehört eigentlich Flammender Stern jetzt endgültig uns?«

Abel kaute an einem Grashalm.

»Wir haben ihn großgezogen und zugeritten. Ich möchte, dass du ihn bald reitest. Aber nach bestehendem Recht wird er uns nie gehören.«

Jenny senkte den Kopf. Ihr war, als ob die Welt sich verdunkelte.

»Dann kann ihn also sein Besitzer immer noch zurückverlangen?«

Abel lächelte beschwichtigend. »Sorge dich nicht. Es ist schon so viel Zeit vergangen, seit die Schwarze zu uns kam. Und es wagen sich nur wenige Fremde ins Indianergebiet.«

Jenny holte befreit Atem. Abel sah wieder den gewohnten heiteren Ausdruck in ihrem Gesicht. Er trocknete seine Hände und stand auf.

»Wie wär's, wenn wir uns etwas kochen würden? Ich habe großen Hunger, du nicht?«

Es verging noch einige Zeit, bis Jenny Flammender Stern reiten konnte. Zuerst verließen sie nicht den Corral. Der Hengst duldete Jenny zwar ohne weiteres auf seinem Rücken; er war jedoch an Abel gewöhnt und fühlte sich durch die Reiterin verunsichert. Jenny war leichter und hatte nicht die stählernen Hände ihres Vaters. Doch das Tier hatte gelernt, kleinsten Signalen von Knie und Zügel zu folgen.

An einem strahlenden, blau glitzernden Morgen erfüllte Abel Jennys sehnlichsten Wunsch und ließ sie zum ersten Mal ausreiten. Jenny hatte das Pferd lange gebürstet und sich erst zufrieden gegeben, als das Fell wie schwarze Seide glänzte. Die sorgfältig gekämmte Mähne fiel in schimmernden Wellen herab. Flammender Stern schien sich seiner Anmut bewusst. Er tänzelte stolz, ließ die Muskeln spielen und bog den geschmeidigen Hals. Seine Augen glänzten wie dunkle Spiegel. Jenny konnte sich nicht satt an ihm sehen.

»Wie schön er ist! Schau nur, er kommt zu mir!«

»Er hat dir sein Herz geschenkt«, sagte Abel.

Er führte die Schwarze aus dem Stall, während Jenny den Hengst sattelte. Als sie sich auf seinen Rücken schwang, ließ Flammender Stern ein sanftes Schnurren hören. Er schien Jennys Freude zu teilen.

Sie verließen den Corral. Abel ritt neben seiner Tochter und betrachtete sie mit sichtlichem Stolz. Jenny trug ein weißes Kleid und weich gegerbte Mokassins. Ihr blondes Haar wehte im Wind. Sie saß wie eine Feder auf dem großen schwarzen Pferd, und doch hatte Abel nie eine so vollendete Harmonie zwischen Mensch und Tier gesehen.

Sie ritten über den Kamm hinaus. Die Brise flüsterte in den Büschen. Ein Duft stieg auf, jener Duft nach trockenen Gräsern, Fichten und Salbei, der mit dem Wind von den Höhen weht. Jenny fühlte sich eins mit ihrem Pferd, und vor ihr lag die Wildnis ohne Grenze unter dem weiten, blauen Himmel. Sie spürte, wie Flammender Stern seine Kräfte spielen ließ, und wandte ihrem Vater ihr lachendes Gesicht zu.

»Darf ich galoppieren? Ganz allein?«

Abel ließ die Augen über die Landschaft schweifen. Als er nichts Verdächtiges entdeckte, nickte er zustimmend. Schon stieß Flammender Stern ein nervöses, heiseres Wiehern aus. Jenny konnte ihn kaum halten.

»Jetzt?«, fragte sie atemlos.

»Entferne dich nicht zu weit«, sagte Abel.

Jenny hörte kaum die letzten Worte. Sie lockerte die Zügel, grub beide Knie in die Flanken des Pferdes. Flammender Stern spannte den Rücken. Der Sprung, mit dem er davonjagte, nahm Jenny fast das Gleichgewicht. Doch sie hielt sich im Sattel. In rasendem Galopp stürmte der Hengst über die Ebene. Seine Nüstern blähten sich, seine Ohren lagen flach am Kopf, die lange Mähne peitschte Jennys Gesicht. Immer wilder, immer schwereloser wurde sein Galopp. Er berührte den Boden nur, um sich mit einem neuen Sprung wieder abzustoßen. Jenny war, als ob das Pochen ihres Blutes, das Hämmern ihres Herzens mit dem Hufschlag im Gleichklang tönte. Sie trank in tiefen Zügen die warme, herbe Luft. Und die Glückseligkeit, die sie dabei erfüllte, überstieg alles, was sie sich je erträumt hatte. Immer noch den gleichmäßigen Bewegungen des Pferdekörpers unter ihr folgend, beobachtete sie eine einsame weiße Wolke in der Weite des Morgenhimmels. Die Wolke, vom sanften Wind getrieben, zeichnete Schatteninseln auf die Ebene und bewegte sich auf einen Berghang zu. Ich werde vor ihr da sein, dachte Jenny, berauscht vor Glück. Sie beugte sich über die Mähne des Hengstes und stieß nahe an seinem Ohr einen schrillen, durchdringenden Schrei aus, den Schrei, mit dem die Indianer ihre Pferde zur höchsten Geschwindigkeit antrieben. Und Flammender Stern steigerte seinen Galopp zu immer wilderer Hast. Wie ein schwarzer Speer flog der Hengst dem Berghang entgegen.

Stachelbirnen und dichtes Wacholdergebüsch wuchsen am Rand einer Schlucht. Während Flammender Stern auf dem weichen Sandboden dahinstürmte, bemerkte Jenny eine Bewegung im Unterholz. Ein Sonnenstrahl blitzte auf einem Gewehrlauf und plötzlich tauchte ein Reiter aus dem Schatten der Büsche. Jenny erkannte ihn sofort: Es war Lupe.

Jenny straffte die Zügel. Flammender Stern fiel in Trab, dann in Schritt. Seine feuchten Flanken hoben und senkten sich. Jenny beobachtete den Indianer mit zusammengekniffenen Augen. Sie empfand keine Furcht vor ihm; sie wunderte sich nur über sein plötzliches Auftauchen, denn sie hatte ihn schon lange nicht mehr gesehen. Außerdem wusste sie, dass ihr Vater sie gleich einholen würde.

Lupe ritt ihr auf seinem Falben über den Rand der Mulde entgegen. Sein Gesicht mit dem hochmütigen Mund, der harten geraden Nase, den funkelnden Augen glich einer schönen, grausamen Maske. Sein nackter Oberkörper glänzte wie mit Öl eingerieben. Er trug ein Gewehr über der Schulter.

Jenny brachte ihr Pferd zum Stehen. Lupe ritt langsam um den Hengst im Kreis herum, wobei er das Tier von allen Seiten betrachtete. Jenny saß aufrecht im Sattel und rührte sich nicht. Schließlich sagte er:

»Du hast ein schönes Pferd!«

Jenny nickte stumm.

»Das ist ein Männerpferd«, sagte Lupe.

Jenny hob trotzig den Kopf. »Es ist mein Pferd.«

Lupe beugte sich vor, packte Flammender Stern an den Zügeln. Ein Schauer durchlief den Körper des Hengstes. Unter dem Fell begannen die Muskeln zu spielen. Lupe ließ ein leises, raues Lachen hören.

Plötzlich wandte er sich um. Seine aufblitzenden Augen richteten sich auf Abel, der herangeritten kam und die Schwarze zum Stehen brachte.

»Lass die Zügel nur los«, sagte er ruhig.

Lupe grinste verächtlich, ließ die Zügel aber aus der Hand.

»Deine Tochter reitet das Pferd eines Kriegers.«

»Das Tier gehorcht ihr«, sagte Abel gleichmütig.

»Mir scheint, du verstehst was von Pferden«, Lupes Tonfall war höhnisch.

Abel nickte gelassen.

»Noch keiner vor dir hat das jemals anerkannt.«

Lupes hochmütiges Antlitz wirkte wie aus Kupfer.

»Ich besitze«, sprach er, »sieben gute, starke Mustangs. Einige Stuten darunter sind tragend. Ich biete dir alle sieben für den schwarzen Hengst.«

Jenny warf ihrem Vater einen erschrockenen Blick zu. Abels Gesicht war so ausdruckslos wie das eines Apachen. Er hob die Finger in der Zeichensprache der Indianer.

»Nein«, sagte seine Bewegung.

Keine Wimper zuckte über Lupes glitzernden Augen.

»Wie viele Pferde willst du? Nenne mir die Zahl!«

Abel sah ihm ruhig ins Gesicht.

»Weder die Pferde, die du besitzt, noch jene, die du

zu stehlen gedenkst, reichen aus, um diesen Hengst zu bezahlen.«

Einen Augenblick war es so still, dass Jenny den Wind in den Büschen rascheln hörte. Lupe starrte Abel finster an. Plötzlich hob er den Arm, löste sein Stirnband mit dem Türkis und hielt ihn Abel hin.

»Dieser Stein stammt von meinen Ahnen. Mein Großvater sagte, dass er einst vom Himmel fiel.«

Seine tiefe Stimme wurde noch tiefer und nahm einen drohenden Tonfall an. »Gib mir das schwarze Pferd und der Stein gehört dir.«

Jennys Herz setzte für einen Schlag aus. Abel spürte ihre Erregung und legte ihr beruhigend die Hand auf die Schulter.

»Du würdest damit einen großen Frevel begehen, Lupe«, sagte er kalt. »Ein Pferd, und sei es noch so kostbar, ist sterblich. Der Türkis aber ist so alt wie die Welt und wird ewig bestehen. Ich kann den Stein nicht annehmen! Du handelst aus Habsucht und die Geister deiner Ahnen werden dich deswegen hassen.«

Lupes Augen zogen sich zu Schlitzen zusammen. Sein Gesicht spannte sich, dass die Kieferknochen hervortraten. Mit einer blitzschnellen Bewegung richtete er sein Gewehr auf Abel. Der rührte sich nicht, blickte gelassen in die Waffenmündung. Lupe holte geräuschvoll Luft und senkte das Gewehr.

»Kleiner Biber«, zischte er, »merke dir, du gehörst nicht mehr zu den Apachen. Die Deinen haben uns das verräterische Ehrenwort des weißen Mannes gegeben. Sie wollen uns in eine Reservation einsperren und unseren Bauch mit Wind und Versprechungen füllen. Das Fort wird gebaut und viele törichte Männer schlafen in den Zelten. Wenn der Mond wächst, werden sich unsere Messer in ihre Herzen bohren. Ich werde den schwarzen Hengst erbeuten und deinen Skalp an seine Mähne hängen.«

Er riss sein Pferd auf der Hinterhand herum und jagte davon, dass die Erdklumpen in die Höhe flogen. In wenigen Sekunden war er in den Büschen verschwunden. Jenny suchte angstvoll die Augen ihres Vaters.

»Was wird er jetzt tun?«

»Er wird uns Verdruss bereiten«, sagte Abel düster. »Ein Mann, der aus Habsucht das Erbe seiner Ahnen verschleudert, hat weder Achtung vor den Lebenden noch vor den Toten. Von jetzt an müssen wir uns vor ihm in Acht nehmen.« Er ließ die Schwarze wenden.

»Komm. Wir reiten nach Hause.«

# Karin Müller

# Cowboy Jim und sein Mustang Joe

Das kleine Kälbchen blökte so laut es konnte nach seiner Mutter. Es stand zitternd auf dem Felsvorsprung. Unter ihm zog die große Viehherde weiter Richtung Westen. Gut fünfhundert Rinder und zehn Cowboys mit ihren Mustangs waren gemeinsam unterwegs. Seine Mutter war auch irgendwo dort unten und suchte bereits nach ihm. Aber in dem allgemeinen Muhen und Wiehern hörte niemand das verzweifelte Rufen des Kälbchens. Es zitterte noch mehr. Vor ihm ging es mehr als zehn Meter steil in die Tiefe – und umdrehen konnte es sich auch nicht auf dem schmalen Felsgrat.

Plötzlich stieg dem Kalb Raubtiergeruch in die Nase. Es hatte zwar noch nie in seinem jungen Leben einen Puma gewittert, aber seine Instinkte sagten ihm, dass dieser strenge Katzenduft Gefahr bedeutete. Eine Gefahr, die größer wurde, je länger es von der Herde getrennt war. Ängstlich schaute sich das Kälbchen um, aber um es herum war keine Raubkatze zu entdecken. Statt dessen erscholl eine Jungenstimme:

»Da bist du ja, du kleiner Ausreißer!« Jim beugte sich ein Stück vor und hakte sein Lasso vom Sattel los. Sofort blieb sein Mustang wie angewurzelt stehen. »Brav«, lobte der Junge mit ruhiger, sanfter Stimme. Joe spitzte die Ohren. War er gemeint oder redete sein Reiter mit dem Kalb?

Unter den unruhigen Hufen des Kälbchens lösten sich ein paar Steine und kullerten zu Tal. Das Kalb strauchelte und blökte schrill. Seine Augen waren vor Angst geweitet.

Joe stand wie eine Statue. Das verschaffte Jim die nötige Ruhe, das Lasso sicher zu werfen. Das Kälbchen machte panische Bewegungen und drohte abzustürzen. Doch gerade, als ihm die Hinterhufe wegrutschten, senkte sich die Lassoschlinge auch schon um seinen Hals.

»Jetzt«, befahl Jim knapp und sein Mustang ging gehorsam ein paar Schritte rückwärts. Das Seil spannte sich, gerade als das Kalb völlig den Halt verlor. Mit klopfendem Herzen zog Jim das Tier aus der Gefahrensituation. Keine Sekunde zu früh. Er sprang aus dem Sattel und rannte am gespannten Seil entlang zu dem zappelnden Fellbündel. Vorsichtig half er ihm von den Felsen herunter und brachte es auf sicheren Boden zurück.

»Hat dir schon mal jemand gesagt, dass du eine

Stimme wie eine rostige Gießkanne hast?«, neckte er das Kalb, während er es abtastete, wie er es von seinem Vater gelernt hatte. Es schien nicht verletzt zu sein. Erleichtert knotete er dem Kalb das Lasso wie ein Halsband um und ging zu seinem Pferd zurück.

»Prima gemacht, Joe«, lobte Jim den Braunen und strich ihm sanft über die Stirn. In der freien Natur bei den Tieren fühlte er sich richtig wohl. Es war viel besser als in der stinkenden, lärmenden Stadt, wo er zur Schule ging. Hier gab es keine größeren Jungs, die ihn herumschubsten. Und auch keine Lehrer, die heimlich die Nase rümpften, weil er immer nach Stall roch, so sehr er auch an sich herumschrubbte und sich die Fingernägel bürstete. Jim atmete tief durch. Würde der Unterricht hier draußen stattfinden, dann wären auch seine Noten besser. Wenn er das nur seinem Pa irgendwie klarmachen könnte.

Joe brummelte zufrieden und schnoberte suchend an der Jackentasche des schmächtigen Jungen. »Ja, den hast du dir verdient«, sagte Jim grinsend und halbierte mit seinem Taschenmesser den Apfel, der vom Frühstück übrig geblieben war. »Aber die andere Hälfte ist für das Kalb. Das braucht auch eine Stärkung auf den Schreck, was?«

Das Kalb schnüffelte irritiert an Jims Handschuh, auf dem er ihm den Apfel hinhielt. Aber statt das

Obst zu fressen, versuchte es gierig an Jims Finger zu saugen.

»Oh je, ich glaub, wir bringen dich lieber schnell zu deiner Mama zurück, bevor du uns hier verdurstest, was Kleiner?« Joe nutzte die Chance und klaubte schnell die zweite Apfelhälfte vom Boden auf. Nicht dass sein Herrchen es sich noch einmal anders überlegte und den Apfel am Ende selber wollte. Aber Jim hatte nichts dergleichen vor. Mit Schwung zog er sich am Horn seines Sattels hoch und schnalzte einmal kurz. Das reichte Joe als Signal, loszutraben.

Das Kalb blökte erneut, als Jim und Joe sich in Bewegung setzten. Aber es klang schon nicht mehr so ängstlich und folgte ihnen willig.

»Hi, Pa!«, begrüßte Jim seinen Vater ein wenig verlegen, als sie die Herde erreicht hatten. Es war später Nachmittag und der Treck würde in einer Stunde das Nachtlager aufschlagen. Sie hatten ein gutes Tempo vorgelegt und würden die Winterweiden in zwei Tagen erreichen.

»Wo hast du das Kälbchen denn gefunden?«, fragte sein Vater knapp und schob sich den Hut in den Nacken. Jim sah, dass ihm der Schweiß von der Stirn lief.

»Da oben.« Er zeigte auf die Anhöhe mit dem steilen Felsvorsprung.

»Jimmy, ich hab dir hundertmal gesagt, dass es zu gefährlich ist für dich, ein Kalb allein zurückzuholen, wenn es sich verstiegen hat. Das nächste Mal rufst du einen von den Männern zu Hilfe.«

»Aber wir haben es doch gerettet, Pa. Joe hat es in letzter Sekunde ...«

»Schluss damit, Sohn. Vielleicht war es gar keine so gute Idee, dir dieses Pferd zu schenken. Es ist einfach zu gut. Das macht euch übermütig! Ich hätte auf deine Mutter hören sollen. Sie spricht nie wieder mit mir, wenn dir was passiert, und dir zieht sie außerdem die Hammelbeine lang. Also was immer du tust, pass auf, dass sie dir nicht abhanden kommen.«

Ein paar der Cowboys, die seine letzten Worte im Vorbeireiten mitgehört hatten, lachten.

»Aber Pa!« Jim spürte, wie er rot wurde. »Joe passt doch auf mich auf.« Der braune Mustang war einer der besten, die Jims Vater Ed im Stall hatte.

Ed Griffins sah seinen Sohn und das Pferd lange an. Und als ob er Jims Worte bestätigen wollte, nickte Joe wild mit dem Kopf und schnaubte.

Der Viehzüchter lächelte. »Du und deine Zirkustricks. Man sollte meinen, ein Junge in deinem Alter hätte Besseres zu tun, als seinem Pferd das Nicken auf Kommando beizubringen. Verdirb mir meinen

Cutting-Champion nicht. Und setz ein bisschen was von deiner Energie lieber in der Schule ein. Sonst lass ich dich das nächste Mal wirklich zum Lernen zu Hause.«

»Ich hab gar nichts gemacht«, schwor Jim und grinste schief. Aber sobald sein Vater wieder davongaloppiert war, gab er seinem Pferd ein Stück trockenes Brot als Belohnung. Natürlich hatte sein Vater Recht gehabt: Er hatte Joe ein heimliches Zeichen zum Nicken gegeben. »Ich hab die Finger hinterm Rücken gekreuzt, dann gilt es nicht als Schwindeln«, flüsterte er dem Wallach ins Ohr. Joe schnaubte vergnügt.

Das Kalb hatte nichts Eiligeres zu tun, als sich am Euter seiner Mutter zu stärken, sobald Jim es vom Lasso befreit hatte und die beiden wieder vereint waren.

»Und nicht wieder weglaufen, hörst du?!«, rief er ihm über die Schulter nach. Joe war einfach losgetrabt.

»Hey, was machst du denn mit mir?«, beschwerte sich Jim lachend, als er sich im Sattel umgedreht hatte. Eben wollte er die Zügel aufnehmen und Joe in eine andere Richtung lenken, da sah er, dass sein Pferd bereits wieder eine Kuh entdeckt hatte, die sich von der Herde entfernen wollte. »Pa hat wohl recht,

Joe. Du bist wirklich ein Spitzenpferd. Na, dann komm!« In schnellem Galopp war es ein Leichtes für die beiden, das Rind wieder zu den anderen zurückzutreiben.

»Und was machen wir jetzt?« Jim nahm einen Schluck Wasser aus seiner Feldflasche und setzte sich ächzend im Sattel zurecht. Es waren noch bestimmt zwei Stunden zu reiten und sein Po schmerzte ihn mehr, als er zugeben wollte. Der Sattel war hart und er hatte schon geraume Zeit nicht mehr so lange darin verbracht. Fast kam es ihm so vor, als wären die Schulbänke weich gegen die mit Leder bezogene Rohhaut seines Westernsattels.

Aber niemals hätte er sich die Blöße gegeben, auf eine Pause und das Mittagessen zu bestehen. Er wollte seinem Vater zeigen, dass er allem hier gewachsen war. Die Männer hatten vor Stunden abgestimmt, lieber durchzureiten und die Pferde zwischendurch zu tränken. Dafür wollten sie etwas früher das Nachtlager aufschlagen. Jim hatte das Gefühl, sein knurrender Magen würde jeden Kojoten oder Puma im Umkreis von zwanzig Meilen in die Flucht schlagen. Immerhin hatte er noch einen letzten Apfel.

Jim streckte sich im Sattel, machte ein paar Dehnübungen und berührte seine Fußspitzen in den Steigbügeln. Joe schwitzte. An seiner Brust, wo das lederne Vorderzeug das Fell berührte, bildete der Schweiß kleine weiße Schaumperlen.

»Ich lass Joe kurz unten am Fluss saufen!«, rief Jim dem Vorarbeiter zu, der in Rufweite von ihm neben der Herde ritt.

Zum Zeichen, dass er verstanden hatte, tippte der Cowboy sich kurz an den Hut und hielt den Daumen hoch.

Jim wendete seinen Mustang, indem er das Gewicht verlagerte und den Zügel sanft an Joes Hals lehnte. Mehr brauchte er nicht zu tun. In gemütlichem Jog, einem langsamen Trab, den Jim trotz schmerzenden Hinterteils mühelos sitzen konnte, ritten sie auf das kleine Flüsschen zu.

Jim ließ den Wallach hineinwaten, bis das Wasser die Fesseln umspülte. Joe versenkte das Maul bis zu den Nüstern im Wasser und schlürfte gierig. Dann begann er, mit dem linken Vorderhuf im Wasser zu scharren und zu plantschen, als wollte er sich gleich hinlegen und wälzen. »Nein, lass das, Joe! Gebadet wird nicht«, mahnte Jim. Dabei wäre er am liebsten abgestiegen und hätte sich neben Joe mitten in den Fluss gesetzt. Aber wenn das einer der Männer sah, würden sie ihn vielleicht auslachen, den kleinen, dünnen Sohn vom Chef. Außerdem würde er kaum wieder in den Sattel kommen. Er mochte gar nicht an den Muskelkater von morgen denken. »Heute Abend, wenn wir einen See oder Fluss in der Nähe haben, dann kannst du baden«, versprach er dem Wallach. Joe hob den Kopf und spitzte die Ohren. Einen Moment lang lauschte er und sah in die Ferne, dann senkte er die Nüstern wieder ins Wasser und soff weiter.

»He, lasst noch was drin!«, scherzte einer der Männer von Jims Vater. Er lenkte seine gescheckte Stute neben die beiden und ließ sie ebenfalls trinken.

Joe hob erneut den Kopf. Plötzlich wieherte er schrill und laut.

»Was hast du denn?«, fragte Jim leise und strich seinem Pferd beruhigend über den Hals. Das gewaltige Wiehern hatte ihn erschreckt.

Der Cowboy zuckte mit den Achseln und wendete seine Stute. »Vermutlich Wildpferde. Jack hat heute Mittag welche gesehen. Zogen da hinten über den Kamm. Na kommt schon, sonst verpassen wir noch den Anschluss. Alles in Ordnung, Kleiner?«

»Ja, ja. Wir kommen gleich«, meinte Jim abwesend. Wildpferde. Er hatte noch nie wilde Mustangs aus der Nähe gesehen. Sie waren so gut wie ausgestorben in diesem Teil des Landes. Tierschützer versuchten immer wieder, mit Spenden und Adoptionen ihren Fortbestand zu sichern. Leider hatten sie darüber viel zu kurz im Unterricht gesprochen. Es hatte ihn brennend interessiert, aber die anderen Jungs hatten nur hämisch gelacht, als die Lehrerin vom Hundefutter erzählt hatte, das man bis in die Siebzigerjahre des vergangenen Jahrhunderts aus den Mustangs gemacht hatte. Erschüttert war Jim nach Hause gekommen. Doch sein Vater hatte ihm noch weitere Gräuelgeschichten erzählt. Davon, wie man die Mustangs im neunzehnten Jahrhundert einfach erschossen oder in Corralls hatte verhungern lassen, weil die Leute lieber mit der Eisenbahn fuhren. Jim hatte diese Geschichten noch weniger glauben wollen. Aber er hatte es in Geschichtsbüchern und im Internet nachgelesen. Da stand es auch.

Das alles war zwar schon lange verboten, aber manchem Rancher waren die Mustangs immer noch ein Dorn im Auge. Sie betrachteten die stolzen Pferde als wiehernde Futterkonkurrenten ihrer Rinder. In Jims Augen war sein Vater auch deswegen ein Held, weil er die Internationale Gesellschaft zum Schutz der Mustangs und das BLM, das Büro des Land Managements tatkräftig unterstützte. Und weil er im vergangenen Sommer ein entlaufenes Fohlen mit bloßen Händen aus dem Stacheldraht befreit hatte. Die Narben waren äußerst eindrucksvoll, bei beiden – dem Fohlen und Ed Griffins.

Joe wieherte noch einmal. Leiser diesmal. Er hatte noch immer erregt die Nüstern gebläht, starrte angestrengt in die Weite und witterte. Mustangs. Als Fohlen war der Wallach selbst frei mit ihnen in der Steppe umhergezogen. Dann hatte ihn Ed Griffins bei einer der Tierschutzversteigerungen adoptiert.

Jim spürte, wie sein Pferd sich unter ihm verspannte. »Du kannst sie riechen und hören, stimmt's?«, fragte Jim leise. Joe scharrte mit dem Huf. Jeder Muskel an ihm war in Alarmbereitschaft. Und wieder ging es Jim ganz ähnlich wie seinem Pferd. Am liebsten wäre er auf der Stelle dort hinüber galoppiert, um die Wildpferde einmal in Freiheit zu sehen. Nicht so wie in den Auktionsgehegen der Tierschützer, die überzählige Tiere jedes Jahr versteigerten, um den Bestand zu sichern. Nein, in Freiheit, in ihrer ungebändigten wilden Schönheit wollte er sie einmal aus der Nähe sehen.

»Heute Abend«, versprach Jim zum zweiten Mal. Er flüsterte es, seine Stimme war ein wenig heiser und belegt. Joes Ohren spielten hin- und hergerissen zwischen den Worten seines Reiters und dem Lockruf der freien Mustangs. Jim kniff die Augen zusammen. Er meinte, Staubwolken zu sehen am Horizont. Und er bemerkte etwas Blinkendes, wie von einem Spiegel.

Dem Rückspiegel eines Autos zum Beispiel. Aber er musste sich täuschen. Was sollten Menschen um diese Jahreszeit bei den Mustangs machen? So dicht ließen die niemals ein Fahrzeug an sich heran, ohne zu fliehen. Das Land gehörte Jims Vater. Und die Tierschützer planten die nächsten Versteigerungen erst in ein paar Monaten.

»Wahrscheinlich ist es nur eine Glasscherbe, in der sich die Sonne spiegelt«, überlegte Jim laut. »Komm, wir müssen zurück.«

Er wendete und schnalzte mit der Zunge. Gehorsam galoppierte Joe an.

Die Männer hatten inzwischen das Nachtlager aufgeschlagen. Am Ufer eines kleinen Flüsschens, zwischen ein paar Bäumen, standen im Nu drei Zelte. Die Viehtreiber kamen jedes Jahr, wenn Ed Griffins die Herden umtrieb. Sie waren ein eingespieltes Team. Sie verstanden ihr Handwerk, und sie verstanden sich gut mit der Rancherfamilie.

»Verbeug dich vor den Herren, Joe. Sei ein artiges Pferd!«, rief Jim übermütig. Die Sonne stand tief überm Horizont und färbte den Himmel leuchtend rot. Zeit für ein paar Kunststückchen nach dem Abendessen.

Während die Männer schwarzen, kochendheißen

Kaffee tranken, führte Jim auf ihren Wunsch ein paar Tricks mit seinem Pferd vor. Sein Vater schüttelte nur den Kopf, aber die Männer lachten und ermunterten auch Ed, seinem Sohn einmal Applaus zu schenken. Er winkte ab, aber er blieb und sah zu. Das reichte Jim, um weiterzumachen. Joe streckte gehorsam ein Vorderbein weit nach vorn, knickte das andere ein und verneigte den Kopf und den gesamten Oberkörper. Die Männer applaudierten und johlten. Jims Wangen glühten. Er strahlte. Ed Griffins strich seinem Sohn wortlos über den Kopf und zündete sich eine Pfeife an.

»Pa? Ich möchte mit Joe gern noch eine kleine Runde zu den Hügeln reiten, darf ich?«

»Hast du noch nicht genug im Sattel gesessen heute, Jimmy? Du bist hart im Nehmen, aber morgen musst du wieder reiten. Wir können dich nicht tragen. Bei meinem ersten Treck hatte ich einen Wolfshintern, so rot wie der Himmel da oben, das sag ich dir.«

Ed Griffins gab seinem Sohn einen leichten Klaps aufs Hinterteil. Es gab ein sattes glubschendes Geräusch. Sein Vater grinste wissend. Jim biss die Zähne zusammen und lächelte verlegen. Er hatte sich unter dem Siegel der Verschwiegenheit von Jacks spezieller Eichensalbe geben lassen und sie so dick wie möglich aufgetragen. Melkfett und dazu die

Gerbsäure der Eichenrinde waren nach Meinung des Vorarbeiters das Beste, was man für einen schmerzenden wundgerittenen Wolfshintern tun konnte.

Unauffällig rieb sich Jim den schmerzenden Po.

»Locken dich die Wildpferde?«, fragte sein Vater und legte amüsiert den Kopf schief. Er wusste nur zu gut, was in dem Jungen vorging. »Ja, geht nur. Aber pass auf, dass ihr beide wieder heil zurückkommt. Es könnte sein, dass dein Joe sich ein wenig anders verhält als du ihn kennen gelernt hast. Mach mir keinen Sturzflug, wenn er seine Verwandten aus der Nähe sieht, hörst du?«

Jim nickte aufgeregt und rannte mit seinem Pferd los, um es noch einmal zu satteln und aufzuzäumen.

»Reitest du ihm nach, Jack?«, bat der Rancher leise, als Jim außer Hörweite war. »Ich will nicht, dass ihm was passiert.«

»Mach ich, Boss!«, nickte der Vorarbeiter.

Jim brauchte nicht lange nach der Herde zu suchen. Joes Instinkt war untrüglich. Kaum hatten sie das Lager verlassen und Jim ihm die Zügel hingegeben, galoppierte er los. Immer in Richtung der Hügelkette am Horizont, dem Sonnenuntergang entgegen. Sein Tempo war so gewaltig, dass Jim sich in die Steigbügel stellen musste, wollte er nicht durchgeschüttelt werden wie ein Sack Reis.

Joe wieherte.

Und dann konnte Jim sie sehen. Es waren bestimmt dreißig, vierzig Tiere in allen Farben, die mit erhobenen Köpfen dastanden und spähten: Schecken, Paints, Falben, Appaloosas, Braune, Palominos. Viele Mutterstuten hatten Fohlen bei Fuß. Leithengst und Leitstute waren unschwer auszumachen. Sie sicherten die Herde, indem sie abwechselnd Ausschau hielten und im Kreis um sie herumliefen.

Joe bremste seinen schnellen Trab von sich aus, wurde immer langsamer und blieb schließlich bebend stehen. Er schnaubte.

Jim wunderte sich ein wenig über das Verhalten der Mustangherde. Genügte ein Junge auf einem Pferd, sie so in Alarmbereitschaft zu versetzen?

Erst dann bemerkte er, dass er nicht der einzige Beobachter der Wildpferde war. Auf einer kleinen Anhöhe parkte ein alter Lieferwagen. Zwei Männer mit Ferngläsern und Gewehren betrachteten die Pferde. Instinktiv zog sich Jim mit seinem Pferd hinter ein paar Felsen zurück. Joe tänzelte nervös herum.

»Ja, ja, du würdest dich am liebsten unter die Stuten mischen, hab' ich recht?«, sagte Jim sanft und streichelte den Braunen am Hals. Aber er war nicht ganz bei der Sache. Seine Aufmerksamkeit galt den Fremden. Die Männer schienen ihn nicht bemerkt zu haben. Was machten die hier? Wildschützer waren es nicht. Die fuhren Fahrzeuge, auf denen der Schriftzug der Organisation von weitem leuchtete.

Plötzlich zerriss ein Schuss die Stille. Getroffen sackte der Leithengst in sich zusammen. Noch bevor sein Kopf auf dem steinigen Boden aufschlug, raste die Herde in der Dämmerung davon. Jim schrak zusammen. Mit Mühe konnte er Joe an den Zügeln festhalten. Sein Wallach wäre am liebsten mit der Herde auf und davon gerast. Das Geräusch donnernder Hufe erfüllte die Luft. »Ihr Mörder!«, brüllte Jim in Richtung der Männer, die nach der Bluttat eilig in ihr Auto gesprungen waren und losbrausten, dass der Boden staubte. Sie setzten offenbar alles daran, die Herde nicht aus den Augen zu verlieren. Der Beifahrer lehnte weit aus dem Wagenfenster und hatte das Gewehr schussbereit im Anschlag. Jim sprang in den Sattel. Sein Aufschrei ging in dem Lärm der fliehenden Herde unter. Vielleicht war es sein Glück. Doch bevor er wild entschlossen den Mustangjägern hinterher setzen konnte, griff ihm jemand in die Zügel. »Jack! Was machst du hier? Hast du alles gesehen? Sie wollen auch die Leitstute töten, ich weiß es genau!« Heiße Tränen liefen Jim über die Wangen. Da hörten sie bereits den nächsten Schuss.

»Das sind Betäubungsgewehre.«, erklärte der Vorarbeiter wütend. »Solche Burschen kenne ich. Sie machen die Herde kopflos, indem sie die Leittiere außer Gefecht setzen. Dann haben sie es leichter, die Pferde zusammenzutreiben und einzufangen. Die Alphapferde fangen sie später ein, wenn die Betäubung nachgelassen hat.«

»Aber wo bringen sie die Pferde hin? Wir müssen etwas tun, Jack. Was haben die vor?«

»Jedenfalls haben wir keine Zeit zu vergeuden, wenn wir sie nicht aus den Augen verlieren wollen«, erwiderte der Vorarbeiter. »Reite zum Lager und sag deinem Vater und den Männern Bescheid. Die sollen die Ranger und den Sheriff alarmieren. Ich häng mich inzwischen an ihre Fährte.«

»Aber Joe ist viel schneller als Sheila«, widersprach Jim. Jacks Stute war auch ein erfahrenes Cuttingpferd. Im Rindertreiben machte ihr niemand etwas vor. Aber die schnellste war sie wirklich nicht mehr.

»Dein Vater reißt mir den Kopf ab, wenn dir was passiert«, drängte Jack. »Wir haben keine Zeit, Jim.«

»Eben!«, rief Jim kurzangebunden und galoppierte mit Joe einfach davon. Jack würde es seinem Vater schon irgendwie beibringen. Jim hatte nur die Pferde im Kopf.

Erst als er sich bereits an die Fersen der Männer

geheftet hatte, überlegte er, wie er wohl die Männer auf die richtige Spur führen sollte. Jack hatte Leuchtraketen und Rauchmelder in seinen Packtaschen. Diese Dinge führten die Viehtreiber immer für Notfälle mit sich. Aber er? Und was sollte er gegen zwei bewaffnete Männer ausrichten? Wer auf Wildpferde schoss, der zauderte bestimmt auch nicht lange bei zwölfjährigen Jungen. Aber es half alles nichts.

Seine Gedanken gingen zurück zu dem Leithengst und wie er gestürzt war. Die Stute hatte er nirgends gesehen, aber das musste nichts heißen. Das Gelände war nicht eben. Hinter Bodenwellen und niedrigen Büschen konnte sie überall liegen.

Die Spur der Herde zu verfolgen war dafür um einiges einfacher, selbst in der Dämmerung. Jim brauchte sich nur an die dicke Staubwolke halten, die das Auto und die flüchtenden Pferde aufgewühlt hatten. Er zog sich sein Halstuch über die Nase, um den quälenden Hustenreiz zu unterdrücken.

Hoffentlich trat Joe nicht in eines der zahlreichen Kaninchen- oder Präriehundlöcher. Ein Sturz wäre dabei noch das geringste Risiko. Jim hatte schon von Pferden gehört, die sich dabei ein Bein oder den Hals gebrochen hatten.

Dann blieb ihm keine Zeit mehr zu grübeln. Jim

verlangsamte sein Tempo und suchte sich eine Deckung. Vor ihm wurde der aufgewirbelte Staub weniger. Die Pferde schienen angehalten zu haben. Und dann konnte er auch den Grund erkennen. Die Jäger hatten sie in einen behelfsmäßigen Corrall getrieben. Die Umzäunung aus Eisenstäben und Elektrozaun war ebenso schnell auf- und abbaubar wie sicher. So leicht brach selbst ein panisches Wildpferd nicht aus diesem Gehege aus.

Jim schluckte trocken. Zwei weitere Männer standen neben denen, die mit dem Lieferwagen und der Herde gekommen waren. Sie diskutierten laut miteinander und fuchtelten aufgebracht mit den Armen herum. Jim musste unbedingt näher heran und hören, was sie besprachen. Und er musste seinem Vater und Jack signalisieren, wo er zu finden war. Aber wie? Und was zuerst?

Jim kniff die Augen zusammen und beobachtete die Richtung, aus der sie gekommen waren. Nichts zu sehen. Aber so schnell konnten die Männer auch gar nicht sein. Er führte Joe hinter einen hohen Busch. »Bleib hier«, bedeutete er dem Pferd. Joe brummelte leise und senkte sofort die Nase ins Gras. Auch ohne dass es hier etwas zu fressen gegeben hätte, würde er ganz sicher Jims Befehl gehorchen. Die Griffins banden ihre Pferde in der freien Wildbahn nie an. Zu groß war das Risiko, dass die Tiere in freiem Gelände sonst einem Raubtier oder einer Schlange hilflos ausgeliefert waren. Stattdessen waren ihre Pferde gut erzogen und trainiert – eine Lebensversicherung hier draußen.

Jim wühlte in den Packtaschen. Irgendwo musste seine Taschenlampe ja sein. Er hatte vor, sie als Signal einzusetzen, sobald er von seinen Leuten irgendetwas hörte, um ihnen den Weg zu zeigen. »Na also«, murmelte er zufrieden, als er die Lampe endlich ganz unten entdeckt hatte. Aufgeregt stopfte er sie sich in die Jeanstasche. Dann schlich er los. Allmählich wurde es dunkel. Das sollte ihm ausreichend Tarnung geben. Und die Männer waren immer noch zu sehr in ihr Gespräch vertieft, um sich nach Störenfrieden umzuschauen. »Ihr fühlt euch wohl sicher«, zischte Jim wütend. Endlich konnte er Wortfetzen verstehen. » ... zu blöd, die Leitstute zu treffen ...«, brüllte einer der Männer. Und ein anderer antwortete: »... habe sie doch fallen sehen, genau wie den blöden Hengst ... muss ich mir von dir nicht sagen lassen.«

»Wo sind die Pferde denn dann jetzt?«, fragte der andere wieder.

»Wie vom Erdboden verschluckt, sag ich doch die ganze Zeit«, mischte sich ein anderer Kerl ein.

»Das kann nicht sein!«, erwiderte der Fahrer des Lieferwagens. Da unterbrach ihn sein Kumpel mit dem Gewehr und zog ihn am Arm. »Still! Ich hab was gehört!«

»Ach, du spinnst ja. Wer soll uns denn hier draußen besuchen kommen? Hier sind nur diese blöden Viehtreiber und die kampieren sieben Meilen von hier.« Jim biss die Zähne zusammen. Er war bis auf ein paar Meter herangekommen. Jetzt hockte er genau zwischen den Männern und den Wildpferden hinter einem der beiden Fahrzeuge.

»Die Viehtransporter sind jedenfalls in fünf Minuten hier. In zehn Minuten ist alles gelaufen. Dann sind das hier lauter kleine Pferdesteaks auf dem Weg in die Restaurants an der Ostküste. Also, was regst du dich so auf?«

Ein Schlachttransport! Jim biss wütend die Zähne auf einander. Er musste das unbedingt verhindern. Aber bis sein Vater und die anderen da waren, konnte alles zu spät sein. Fünf Minuten! Das hieß, er musste allein handeln. Ohne weiter nachzudenken, pirschte sich Jim im Schutz der einbrechenden Dunkelheit hinüber an das Gatter der Wildpferde. Ängstlich wichen die Mustangs zurück. Die Stuten hatten ihre Fohlen in die Mitte genommen. Ein paar halbstarke Junghengste patrouillierten aufgeregt um sie herum. Jim hoffte nur, dass die Männer nicht zu schnell auf ihn aufmerksam würden. Mit nervösen Händen fingerte er am Schloss des Corralls herum. Zum Glück war nicht abgesperrt. Jim musste nur den Bolzen hochschieben und das Tor aufstoßen. Doch genau in dem Moment packte ihn eine harte Hand von hinten. »Was machst du denn da, Bürschchen?«

Jim wehrte sich mit Händen und Füßen, aber der Griff des Mannes war unerbittlich. Und schon kamen die anderen auf sein Rufen herbeigelaufen. Knapp gelang es Jim, mit seinen Füßen das Tor aufzutreten, bevor ihn der Mann wegzerrte. Doch die Wildpferde drängten sich nur noch weiter nach hinten in den Corall, weg von dem Geschrei der Menschen. Ihnen fehlte ein Leittier zur Flucht, dem sie hinterherlaufen konnten.

Jim kreischte in seiner Angst vor dem Wilderer so laut er konnte und pfiff nach Joe. Als ihm der Mann den Mund zuhielt, biss Jim zu. Es schmeckte widerlich. Nach Haut und Tabak und Dreck und Blut.

»Ah, du Satansbraten. Na warte!«, schrie der Verbrecher und ließ Jim für einen Augenblick los. Das genügte ihm, um sich loszureißen und auf Joe zu springen, der genau im rechten Augenblick angaloppiert kam. Die Männer bauten sich vor ihnen auf wie eine Wand. Aber sie hatten nicht mit Jim und

Joe gerechnet. Jim wendete. Er galoppierte mitten in den Corrall, umrundete mit seinem erfahrenen Pferd die Herde und trieb sie  von hinten nach vorn. Gegen dreißig Wildpferde hatten die Männer keine Chance, wollten sie nicht umgetreten werden. Mit Joe als Leitpferd raste die Herde davon und keiner wagte es mehr, sich ihr in den Weg zu stellen. Dann hörte Jim in all dem Lärm plötzlich auch noch ein lautes Motorengeräusch über sich. Zwei Hubschrauber! Ed Griffins hatte das BLM und den Sheriff alarmiert. Keine Sekunde zu spät! Über Lautsprecher wurden die Wilderer aufgefordert, sich flach auf den Boden zu legen. Jim ließ die Herde davonstieben. Als er seinen Wallach gewendet hatte, waren die Hubschrauber bereits gelandet und die Männer verhaftet.

»Wie habt ihr uns gefunden?«, fragte Jim, als er wieder Luft bekam, so sehr hatte sein Vater ihn an sich gedrückt.

»Pferde hinterlassen Spuren«, erwiderte der lachend. Aber seine Wangen waren nass vor Tränen der Erleichterung, dass seinem Sohn nichts passiert war. »Das solltest du wissen, Jim Wildpferderetter.« Jim wurde rot. Es war das erste Mal, dass sein Vater ihn vor den Männern nicht mehr Jimmy nannte, wie einen kleinen Jungen.

»Habe ich dir nicht ausdrücklich gesagt, dass du keine Alleingänge starten sollst?« Scherzhaft zog er ihm den Hut ins Gesicht und drückte ihn noch einmal fast an sich.

»Aber Pa«, lächelte Jim, schob sich den Hut aus der Stirn und setzte sich auf. Seine Knie zitterten, jetzt, wo die Gefahr vorbei war. Er war froh, dass es niemandem außer ihnen beiden auffiel. Und er war sich ganz sicher, dass sein Vater diesmal nicht darüber scherzen würde. »Ich hab mich genau an deine Anweisung gehalten: Joe war bei mir, also war ich nicht allein, und du hast nur gesagt, dass wir kein verstiegenes Kalb im Alleingang retten sollen. Das haben wir auch nicht getan. Oder, Joe?«

Der Wallach schüttelte auf Jims geheimes Zeichen den Kopf und wieherte. Die Cowboys lachten und blickten anerkennend zu Vater und Sohn hinüber.

Uta Over

# »Kleine Feder« und sein Pferd

Der schmächtige Indianerjunge hockte eng an den Holzzaun der Festung geschmiegt am Boden. Er formte mit seinen Händen einen Hohlraum und blies hinein – so entstand ein Laut wie das Rufen des Kauzenweibchens, den man hier nur sehr selten hörte. Und jedes Mal, wenn dieser leise und sanfte Ruf über den hohen Holzzaun ins Fort klang, hörte man von dort Flüche und das Klatschen einer Peitsche.

Dann erschauerte der Junge, denn er wusste, die Peitsche ging auf sein Pferd nieder, auf seinen geliebten Schwarzen, der ihm aufs Wort folgte und für den er keinen Zaum und keinen Sattel brauchte – und niemals eine Peitsche. Aber er musste so rufen, denn dies war die einzige Rettung für sein Pferd. Auf diesen Ruf hin stand es unverrückbar still, mochte da kommen, was wolle. Das hatte der Junge ihm beigebracht und das würde jetzt – vielleicht – seine Rettung bedeuten.

Drei Tage lang schon hockte der Junge draußen am Holzzaun im Staub in der glühenden Hitze, denn durch ein Astloch konnte er ins Fort sehen. Immer, wenn die Soldaten den Hengst auf den Reitplatz holten, erklang der seltsame leise Ruf, der das Pferd erstarren ließ. Dann ging es keinen Schritt weiter, mochte es auch noch so gezerrt und geschlagen werden – es wehrte sich nicht gegen die Schläge, schien nur nicht zu verstehen, warum es geschlagen wurde. Doch bewegen tat es sich nicht. Minutenlang stand es so still und schien zu lauschen. Dann erwachte es wie aus einer Verzauberung und die Soldaten versuchten aufs Neue, aufzusitzen und zu reiten.

Und wieder erklang der Ruf des Kauzenweibchens und das Pferd erstarrte...

»Irgendjemand muss den verdammten Vogel fangen«, sagte Leutnant Carson, der mit dem Einreiten des Pferdes beauftragt worden war, schließlich mürrisch. Denn er hatte wohl bemerkt, dass das Pferd auf den Kauzenruf hin still stand.

»Diese Indianerpferde, die haben alle einen Tick! Ich war von vornherein dagegen, das Pferd mit zu nehmen, aber der Chef wusste es ja wieder einmal besser.«

Damit ging er schlecht gelaunt davon und befahl, den Schwarzen zurück in den Stall zu bringen und erst am Abend wieder vorzuführen.

Stunde um Stunde wartete der Junge auf das dunkle Geräusch der unbeschlagenen Hufe seines Pferdes. Er hatte Durst und Hunger, aber er wagte es nicht, zum

Fluss hinunter zu gehen und wenigstens seinen Durst zu stillen: Er könnte ja sein Pferd versäumen. Und als er das leichte Trappeln hörte, das sich von den beschlagenen Hufen der Kavalleriepferde unterschied, blies er wieder in seine hohlen Hände und sein Pferd erstarrte.

Wieder und wieder tat er das und er wusste, dass sein Pferd ihn hörte und dass es sich gänzlich verlassen fühlte hier in der Fremde, in der Enge der Festung, in der Enge des Stalles und des Holzzauns, der ihm fremd war. Er war frei geboren, der Schwarze, der Sohn einer der besten Stuten der Cheyenne-Indianer. Und obwohl diese die bunten gescheckten und getupften Pferde bevorzugten, mussten alle zugeben, dass der kleine schwarze Hengst ohne Fehler war. Er wuchs neben seiner Mutter zwischen den Zelten der Indianer auf, geliebt und gehätschelt und nie rau behandelt.

Als er vier Jahre alt war, setzte der Junge sich auf seinen Rücken und ritt ihn, weil der Schwarze jetzt stark genug war, ihn zu tragen. Er brauchte ihn nicht einzureiten oder ihm zu sagen, was er tun sollte – zu oft hatte der Schwarze neben ihm im hohen Gras geschlafen, war mit ihm über die Hügel gestreift oder hinter ihm zum See gegangen und der Junge hatte sich beim Schwimmen an seiner langen Mähne festgehalten und mit ziehen lassen. So war es ganz selbstverständlich, dass sich der Junge eines Tages auf seinen Rücken setzte und dass er ihn trug, so wie er früher neben oder hinter ihm her gelaufen war.

Der Junge ritt den Schwarzen ohne Sattel und Zaumzeug. Er ritt ihn auf den langen Wanderungen seines Volkes und mit seinem Vater auf der Jagd und einmal auch auf der Flucht vor dem weißen Mann, der Bedrohung seines Stammes.

Vor fast einer Woche war er mit dem Schwarzen vom Lager weg geritten, um Äste zu schneiden, die sich als Pfeile oder Bogen eignen könnten. Er hatte die Reiter kommen sehen. Er hatte auch gesehen, dass es Weiße waren, aber er war in einer Schlucht, so dass ihm der Fluchtweg abgeschlossen war. Die Soldaten hatten ihn vom Pferd gezerrt, seinem Schwarzen einen Strick um den Hals gelegt und ihn mit genommen. Der Junge war hilflos ihrer Übermacht ausgeliefert gewesen. Er verstand ihre Sprache nicht. Aber er verstand, dass dies Diebstahl war. Pferdediebstahl, eines der schlimmsten Verbrechen, die man begehen konnte. Er schaute ihnen entsetzt nach, wie sie mit seinem Pferd an der Hand davon galoppierten und eine Staubwolke hinter sich ließen.

Er überlegte nicht – er ging sofort los hinter seinem Pferd her. Den ganzen Tag lang ging er den Spuren nach. Zuerst lief er, aber er merkte bald, dass er in der sengenden Sonne zu viel Kraft verbrauchte. So ging er langsam und gleichmäßig. Abends legte er sich neben die Spur seines Pferdes und schlief tief und traumlos bis zur Morgendämmerung.

Dann erhob er sich und ging weiter, aß Früchte und Beeren, die er fand und stillte seinen Durst an Bächen und Quellen. Vier Tage lang, dann stand er vor der Festung und hörte das Wiehern seines Hengstes, als er ihn mit dem vertrauten Lockruf rief.

»Hier ist er also«, dachte er und setzte sich mit dem Rücken gegen die hölzerne Palisadenwand. »Ich kann ihn hören und er weiß jetzt, dass ich da bin.«

»Wut und Verzweiflung sind unnütze Gefühle«, hatte sein Vater ihn gelehrt. »Sie bringen nichts. Willst du in aussichtslosen Situationen weiter kommen, musst du nachdenken.«

Daran dachte der Junge, der Zuhause »Kleine Feder« hieß, jetzt. Er überlegte, dass er sein Pferd nicht mit Gewalt befreien konnte, denn sein Stamm war weit weg.

»List ist besser als Gewalt«, pflegte sein Vater zu sagen. Und dann fiel ihm eine List ein: Er würde sein Pferd widerstandslos und gleichzeitig stark machen, denn selbst voneinander getrennt verband sie doch noch ein unsichtbares Band.

So rief er dem Schwarzen jedes Mal, wenn er hörte,

dass man ihn aus dem Stall holte, zu, er solle so unverrückbar still stehen, wie er es gelernt hatte. Und der Schwarze hörte den Befehl und gehorchte.

Langsam wurde Leutnant Carson klar, dass das Käuzchen nicht zufällig immer dann rief, wenn der Schwarze in den Hof geführt wurde. Er beschloss, der Sache auf den Grund zu gehen.

Noch zwei Tage lang hörte er sich die Rufe an und sah die Hilflosigkeit seiner Männer diesem schönen Pferd gegenüber, das sich gegen nichts wehrte, sich aber auch nicht bewegte sowie der Ruf erklang.

Am dritten Tag war er nicht dabei, als der Schwarze in den Hof geführt wurde. Er ging die Holzpalisaden des Forts ab und horchte, woher der Ruf kam. Dann ging er hinaus und sah den Jungen halb verborgen in einer Bodenmulde hocken.

Sofort stand das Bild vor seinen Augen, wie sie den Jungen vom Pferd gezerrt und in die Büsche gestoßen hatten. Seine fassungslosen, entsetzten Augen hatten ihn noch lange verfolgt und er hatte sich gefragt, ob es richtig gewesen war, ihm das Pferd zu nehmen. Er hatte einige Zeit bei den Indianern gelebt und wusste, wie innig sie mit ihren Pferden verbunden waren.

Ungesehen von dem Jungen ging er zurück ins Fort und sattelte sein Pferd, denn es war ihm klar, dass er den Jungen zu Fuß nicht würde fangen können. Auch mit dem Pferd musste er ihn fast bis zum Fluss verfolgen, der Junge war ein guter Läufer.

Aber dann hatte er ihn gestellt und sprach ihn vom Pferd aus in der Sprache der Cheyenne an.

»Das ist dein Pferd da drinnen, nicht wahr? Du bist ihm gefolgt.«

Der Junge hob trotzig den Kopf: »Ihr habt mein Pferd gestohlen, gebt es mir zurück! Für euch ist es nutzlos, ihr werdet es nie reiten können, so lange ich lebe.«

Leutnant Carson schaute den Jungen schweigend an.»Der Junge würde sein Leben für sein Pferd geben«, dachte er. »Welch große Liebe. Ohne ihn ist das Pferd nur irgendein Pferd, der Junge ohne das Pferd nur irgendein Junge – aber zusammen sind beide stark.«

»Komm, setz sich hinten drauf«, sagte er zu dem Jungen. »Du sollst dein Pferd wieder bekommen. Jetzt gleich.«

Der Junge schaute ihn ungläubig an, aber er ergriff wortlos die Hand des Leutnants und sprang aufs Pferd. Gemeinsam ritten sie ins Fort.

»Das Pferd gehört dem Jungen, sattelt es ab«, befahl Leutnant Carson seinen Männern, die ihn verblüfft anstarrten – noch nie war ein Indianer im Fort gewesen und noch nie hatte man ein erbeutetes

Pferd freiwillig wieder heraus gegeben. Aber sie waren Soldaten und so gehorchten sie und sattelten den regungslos dastehenden Schwarzen ab.

»Nimm dein Pferd«, sagte Leutnant Carson zu dem Jungen, der noch immer hinter ihm saß. Kleine Feder ließ sich vom Pferd gleiten.

Sowie der Schwarze den Jungen sah, erwachte er aus seiner Erstarrung und ging auf ihn zu, als wäre er nur eine Minute getrennt von ihm gewesen. Der Junge streckte die Hand nach ihm aus und strich ihm über die Nüstern. Dann drehte er sich nach dem Leutnant um.

»Ich danke euch nicht. Denn ich bekomme nur mein Eigentum zurück, das ihr mir gestohlen habt«, sagte er ruhig. »Aber ich werde euch nicht vergessen, das Zelt meines Vaters ist offen für euch.«

Damit zog er dem Schwarzen das Halfter aus und reichte es dem Leutnant.

Mit katzenhafter Leichtigkeit schwang er sich aufs Pferd, gab einen leisen, sirrenden Ton von sich und galoppierte schon durchs Tor, ehe sich die Soldaten von ihrer Verblüffung erholt hatten.

Durch die weit geöffneten Torflügel sah man ihn über die Ebene fliegen, so eng mit seinem Pferd verbunden, dass es aussah, als sei es nur ein einziges Wesen, nicht ein Reiter mit einem Pferd.

## Sigrid Heuck

# Auf dem Pferdemarkt

Natürlich war ich an diesem dritten Donnerstag im August viel zu früh auf dem Marktplatz in Clifden. Das Wetter war, wie es in Irland meistens ist: Mal regnete es, mal schien die Sonne. Ich war ziemlich aufgeregt, und meine Freunde versuchten, mich zu beruhigen. Sie hatten sich schon früher entschieden. Zwei Jährlingsstuten gehörten ihnen, eine große, etwas grobknochige braune und eine dunkelgraue.

Es dauerte ziemlich lange, bis sich alle Besitzer mit ihren Pferden auf dem Ausstellungsplatz eingefunden hatte, und danach noch einmal eine halbe Ewigkeit, bis die ersten Fohlenjahrgänge in den Ring geführt wurden. Jeder Züchter hoffte auf eine gute Platzierung. Bevor die Jury ihr Urteil bekannt gegeben hatte, ließ keiner mit sich reden.

Wenn überhaupt, dann wurden die Preisträger nur sehr teuer verkauft, und da sich jeder einen Preis erhoffte, bedeutete das für mich nur warten, warten und nochmals warten. Ich lief zwischen Menschen und Pferden herum, stolperte über Kinder und müde Saugfohlen. Mitten im Getümmel entdeckte ich ein in unerschütterlicher Ruhe dastehendes, zierliches graues Fohlen.

»Wie viel soll es kosten?«, fragte ich den Mann, der das Pferd hielt.

»Einhundertfünfzig Pfund.«

Es hatte die Katalognummer siebenundfünfzig: Stute, ein Jahr alt, Vater Clonkeehan Auratum, Mutter Truska Molly, Besitzer John McDonnell, Louisburgh.

»Einhundertfünfzig sind mir zu viel«, sagte ich. Es war doppelt so viel, wie ich ausgeben konnte. Und außerdem war die Stute ziemlich klein.

»Wie groß wird sie sein, wenn sie ausgewachsen ist?«, fragte ich.

Der Mann zuckte mit den Schultern. »Dreizehn zwei, vielleicht dreizehn drei«, erwiderte er. In Irland werden die Pferde in *hands* gemessen. In *hands* und *inches*. Ein *hand* war etwa so viel wie zehn Zentimeter und ein *inch* ungefähr zwei Komma fünf.

Ich rechnete nach. Sie würde zu klein für mich sein. Schade. Es ging schon gegen Mittag. Die Prämierung der Pferde und der Schafe war beendet. Der große Ring war leer. Überall wurde gehandelt. Draußen auf der Straße schrie ein Losverkäufer:

»Kaufen Sie ein Los! Es wird Ihr Glück sein!« Und dann wiederholte er immer wieder: »Ihr Glück! Ihr Glück! Ihr Glück!«

Die kleine Stute war müde. Sie hatte jedes Interesse an ihrer Umwelt verloren und schlief im Stehen. Ihr Kopf sank langsam nach unten. Sie gefiel mir. Aber einhundertfünfzig irische Pfund waren zu viel.

»Sie hat den ersten Preis bekommen«, sagte der Mann, der mein Interesse bemerkte. »In Louisburgh auf der Landwirtschaftsschau.« Er zog eine zerknitterte rote Schleife aus der Jackentasche und steckte sie der Stute ans Halfter. Für einen Moment öffnete sie die Augen. Dann schlief sie wieder ein. Die Schleife in ihrem Nasenriemen wirkte ein wenig lächerlich.

Ich ging weiter. Es hatte keinen Sinn. Die kleine Stute war ungeeignet für mich.

Über dem Gemurmel der Leute, ängstlichem Wiehern und dem Blöken der Schafe schwebte das monotone Gefiedel der Geigen. Versunken tanzten drei kleine Mädchen auf einem Podium alte Tänze. Sie bemerkten nicht die Menge der Menschen und Pferde. Sie beachteten nicht die aufmunternden Zurufe ihrer Verwandten oder das Geschrei des Losverkäufers. Ihre Augen blickten ins Leere. Nur die Geigen waren wichtig. Die Geigen gaben den Takt an. Mit ruhigem Oberkörper und herabhängenden Armen tanzten die kleinen Mädchen auf der Stelle. Ihre Füße wirbelten auf und ab, steppten und klapperten nach geheimnisvollen Regeln. Für die Einwohner der kleinen Stadt war dieser Wettbewerb ebenso wichtig wie die Prämierung der Tiere, der Feldfrüchte oder der Handarbeiten.

»Hat John McConnell Ihnen das Pferd nicht verkauft?«, sprach mich der Tierarzt an. Ich hatte mich mit ihm wegen des später auszustellenden Gesundheitsattestes in Verbindung gesetzt.

»Es ist mir zu teuer«, antwortete ich.

»Hoffentlich finden Sie das Richtige«, sagte er.

»Ihr Glück! Ihr Glück! Ihr Glück!«, schrie der Losverkäufer.

Der Wind trug den Klang seiner Stimme in Stößen über den Platz. Einige Touristen machten sich über die ausgestellten Sachen lustig. Kuchen lagen da und Gläser mit Marmelade, Gemüse und handgestrickte Pullover, kleine Schüsseln mit frischen Eiern oder Kartoffeln und Spitzendeckchen. Mrs. Eileen Hynes hatte einen Preis für ihre Butter bekommen, und die Benediktinerinnen aus der Kylemore Abbey siegten mit den Tomaten aus ihrem Klostergarten.

Wieder machte ich mich auf die Suche nach einem Fohlen. Gestern war mir in den Klippen eine Stute begegnet. Sie hatte ein Saugfohlen und einen Jährling bei sich gehabt. Bei der Prämierung hatte ich den Jährling wiederentdeckt.

Katalognummer zweiundsechzig: Stute, ein Jahr

alt, Vater Dun Lorenzo, Besitzer Sean O'Toole, Clifden. Sie war mager. Das karge Gras zwischen den Steinen hatte zu wenig Kraft für ein heranwachsendes Pferd. Doch unter dem stumpfen, windzerzausten Fell verbarg sich die Schönheit ihrer Ahnen.

»Wird das Fohlen verkauft?«

»Ja«, sagte Sean O'Toole.

»Für wie viel?«

»Einhundertfünfzig.«

»Es hat einen weichen Rücken.«

»Hundertfünfzig und kein Pfund weniger.«

»Achtzig«, sagte ich.

»Kein Pfund weniger. Sonst nehme ich es wieder mit heim.«

Sean O'Toole war arm und stolz. Er wohnte in einer kleinen, strohgedeckten Hütte unten am Strand. Ich hatte ihn gestern dabei beobachtet, wie er seine Schafe zusammentrieb.

Auf einmal stand John McDonnell neben mir.

»Wenn Sie wollen, gebe ich Ihnen mein Stutfohlen für hundert«, sagte er schnell. In seinem Gesicht stand die Angst, ich könnte das O'Toole-Fohlen kaufen. »Wissen Sie, im vergangenen Jahr hatte ich Pech«, fuhr er fort. »Als man mir hundert Pfund für ein Stutfohlen geben wollte, lehnte ich ab und verkaufte es für hundertfünfzig an einen Engländer.«

»Das war doch gut so«, sagte ich.

»Nein, das war es nicht. Ich habe bis heute noch keinen Cent von der Kaufsumme gesehen. Wenn Sie die graue Stute wollen, gebe ich sie Ihnen für hundert. Sie wird ein gutes Springpferd.«

Das wird sie nicht, dachte ich. Dazu war ihre Hinterhand zu steil, und die Sprunggelenke waren zu wenig ausgeprägt.

»Achtzig«, sagte ich laut. Die Heimfahrt mit dem Pferd würde viel Geld kosten.

»Das ist mir zu wenig«, erwiderte John McDonnell. »Das ist zu wenig für ein Stutfohlen, das in Louisburgh einen Preis gewonnen hat.« Er drehte sich um und ging zu seinem Pferd zurück, das von einem kleinen Jungen gehalten wurde.

Es sah so aus, als sei er auf das Geld nicht angewiesen. Er wird ein Haus mit einem festen Dach haben. Vielleicht besaß er sogar einen Laden und der Handel mit Pferden war nur eine Nebeneinnahme. Louisburgh war ein kleines Nest weiter im Norden. John McDonnell war dort sicher ein angesehener Mann. Die Sache mit dem Engländer hatte ihn getroffen.

»Kaufen Sie lieber mein Pferd. Es ist besser als seines«, sagte Sean O'Toole. Sein zahnloser Mund öffnete sich zu einem Grinsen.

»Nein. Für hundertfünfzig hat es einen zu weichen Rücken«, sagte ich.

John McDonnell war wieder bei seinem Pferd angekommen. Er nahm dem Jungen den Strick aus der Hand. Müde hockte er sich auf den Boden. Die kleine Stute schlief immer noch.

Inzwischen hatte sich der Wind gedreht. Er kam jetzt vom Meer und brachte den Geruch nach faulen Fischen mit. Es wurde spät. Ich musste mich beeilen. Einige Händler hatten den Platz schon wieder verlassen.

Ich fragte den Besitzer eines kräftigen gelben Jährlings: »Verkaufen Sie?«

»Nein.«

Es begann zu regnen. Für kurze Zeit verstummte die Stimme des Losverkäufers und die kleinen Mädchen drängten sich ängstlich in einer Ecke ihres Podiums zusammen. Im Nu war der Platz fast leer. Die Männer suchten mit ihren Pferden im Windschatten der Einfassungsmauer Schutz.

John McDonnell hatte den Kragen seiner Jacke hochgestellt. Er und die kleine Stute ergaben sich in ihr Schicksal. Sie würden nass werden und später würde die Sonne alles wieder trocknen. So war das eben. Da konnte man nichts ändern.

So plötzlich der Regen begonnen hatte, so schnell

hörte er auch wieder auf. Der Wind trieb die Wolken fort. Die Leute kamen unter den Ständen hervor und der Losverkäufer begann von neuem: »Kaufen Sie ein Los! Es ist Ihr Glück! Ihr Glück! Ihr Glück!«

Ich sah Mister Kelly über den Platz gehen. Er sprach zuerst mit einem Mann aus Ballyconneely und dann mit Sean O'Toole. Allmählich musste ich mich entscheiden. Das Geschrei der Männer, die ihre Pferde verluden, machte mich unruhig.

Katalognummer siebenundfünfzig: Stute, ein Jahr alt, Vater Clonkeehan Auratum, Mutter Truska Molly, Besitzer John McDonnell, Louisburgh. Ich machte mich auf die Suche. Auf dem Podium tanzten wieder die kleinen Mädchen. Sie bemerkten nicht, dass der Regen ihre Zuschauer vertrieben hatte. Sie tanzten vor einem Stück leerer Wiese. In einer Ecke kauerte ein kleiner Junge auf einem Pony und schlief, während sein Vater sich mit einigen Männern unterhielt. Mitten in einer Gruppe anderer Pferde entdeckte ich die kleine graue Stute wieder. Sie war jetzt munter und spitzte die Ohren. Die Schleife an ihrem Nasenriemen war nass geworden. Von ihren kümmerlich herabhängenden Enden tropfte rot gefärbtes Wasser auf den Boden. Ich nahm mir ein Herz.

»Achtzig«, sagte ich.

»Neunzig«, antwortete John McDonnell grinsend.

»Aber sagen Sie es nicht meiner Frau!«

Ich tat, als wollte ich gehen. »Das ist zu viel. Sie bleibt klein.«

»Ihre Mutter war vierundzwanzig Jahre alt, als sie geboren wurde. Und wenn sie sich nicht vor einem halben Jahr ein Bein gebrochen hätte, wäre sie heute noch am Leben.«

»Fünfundachtzig?«

John McDonnell fuhr mit den Fingern durch die Mähne der kleinen Stute. Er überlegte. Die Chance, noch einen anderen Kaufinteressenten zu finden, wurde immer geringer, und die Erfahrung vom letzten Jahr hatte ihm gezeigt, dass man vorsichtig sein musste.

»Gut«, sagte er schließlich. »Ich verkaufe sie Ihnen für fünfundachtzig Pfund. Aber ich brauche einen Scheck über hundert. Sie bekommen fünfzehn Pfund in bar zurück.« Und als ich ihn erstaunt ansah, flüsterte er mir leise zu, dass er überall herumerzählt habe, er werde das Fohlen nicht unter hundert verkaufen. Der Scheck sollte ein Beweis für seine Standhaftigkeit sein.

Das konnte er haben. Während ich schrieb, kramte er drei Fünfpfundnoten heraus.

»In Ordnung?«, fragte er.

»In Ordnung«, sagte ich.

Er faltete den Scheck zusammen und schob ihn in die Brieftasche.

»Und was ist mit der Schleife?«, fragte ich.

»Die muss ich behalten«, sagte er und grinste wieder. »Als Andenken.«

»Aber sie gehört doch zum Pferd?«

»Nein, nein.« Er schüttelte den Kopf. »Sie gehört dem Züchter. Sie bringt Glück.«

Jetzt begriff ich, was er mit der Schleife vorhatte. Sie würde im nächsten Jahr abermals am Nasenriemen eines Pferdes stecken, und er würde wieder jedem erzählen, dass es ein besonders gutes Pferd sei und dass es gerade eben irgendwo einen ersten Preis gewonnen habe und dass er deshalb auch einen hohen Preis dafür verlangen müsse. Dasselbe würde im übernächsten Jahr geschehen und so weiter, so lange, bis die Schleife ihr glaubwürdiges Aussehen völlig eingebüßt hätte.

Ich lachte.

Der Halfterstrick des kleinen grauen Stutfohlens wechselte die Hand, die ihn hielt.

wurde und ihre Mutter den Kopf hereinstreckte, stellte Marietta sich schlafend. Dabei war an Schlaf natürlich nicht zu denken!

Als Magda Donato wieder gegangen war, ließ Marietta ihren Tränen freien Lauf. Verzweifelt presste sie ihr Gesicht ins Kissen, damit die Erwachsenen ihr Schluchzen nicht hören konnten. Sie stellte sich vor, dass Bianca und Blacky in einem verwahrlosten Verleihstall oder womöglich beim Metzger landeten und wie armselig ihr eigenes Leben ohne die Ponys wäre ...

Als ihre Tränen langsam abebbten, fasste Marietta einen Entschluss: Wenn Blacky und Bianca den Zirkus verlassen mussten, dann würde sie mit ihnen gehen. Niemals würde sie hinnehmen, dass ihre geliebten Ponys verkauft würden. Niemals!

Am nächsten Morgen verhielten sich ihre Eltern wie immer und natürlich ließ Marietta sich nicht anmerken, dass sie nachts gelauscht hatte. Vormittags in der Schule dachte sie ununterbrochen darüber nach, wie sie Blacky und Bianca retten könnte – doch ihr fiel beim besten Willen nichts Brauchbares ein.

»Was ist eigentlich los mit dir?« Die Stimme ihrer besten Freundin Reni riss Marietta aus ihren Gedanken, als sie nach der Schule gerade ihr Fahrrad aufsperrte.

»Mit mir?«, fragte Marietta und blickte geistesabwesend durch Reni hindurch.

»Ja, natürlich mit dir!«, rief Reni und stemmte die Hände in die Hüften. »Den ganzen Vormittag läufst du mit einem Gesicht herum, als wäre dir eine ganze Läusekompanie über die Leber gelaufen. Und wenn ich dich frage, was los ist, glotzt du mich an wie ein tanzendes Zebra.«

Marietta richtete sich langsam auf und starrte Reni mit halb offenem Mund an. Dann rief sie: »Mensch, Reni! Du bist meine Rettung!« Und noch ehe Reni begriff, was eigentlich los war, hatte Marietta sie gepackt und wirbelte sie übermütig herum.

»Könntest ...«, japste Reni und versuchte sich aus Mariettas Griff zu befreien, »könntest du mich vielleicht netterweise an deiner Freude teilhaben lassen? Ich habe keinen Schimmer, was hier eigentlich vorgeht.«

»Das lässt sich ändern!«, rief Marietta übermütig. »Pass auf ...« Sie zog ihre Freundin zur Seite und begann zu erzählen. Und jetzt war es Reni, die ungläubig den Mund aufsperrte ...

Am gleichen Nachmittag meldete Herrn Kramers Sekretärin zwei ungewöhnliche Besucherinnen bei ihrem Chef an. »Hier sind zwei junge Mädchen, die Sie dringend sprechen wollen, Herr Kramer«, sagte die Sekretärin. »Sie sagen, es geht um die Rettung des Zirkus Donatello.«

Der Unternehmensberater bat Marietta und Reni in sein Büro – und er staunte nicht schlecht, als er hörte, welchen Plan die beiden ausgeheckt hatten.

»Und ihr meint wirklich, das funktioniert?«, fragte er zweifelnd und legte die Stirn in Falten. »Das wäre natürlich eine Attraktion, die sonst kein Zirkus zu bieten hat. Aber was ist, wenn es nicht klappt? Ich gebe euch fünf Monate Zeit. Wenn die Zuschauerzahlen dann nicht steigen, könnt ihr die Pferdedressur vergessen.«

»Es wird klappen«, sagte Marietta mit beschwörender Stimme. »Bitte vertrauen Sie uns, Herr Kramer. Es wird klappen!« Und im Stillen schickte sie ein Stoßgebet zum Himmel. Ihr Plan musste einfach klappen – es war der einzige Weg, Blacky und Bianca zu behalten ...

In den kommenden Wochen verschwanden Marietta und Reni fast jeden Nachmittag mit Blacky und Bianca in der Manege. Sorgfältig verschlossen sie die Eingänge, sodass niemand beobachten konnte, was im Zirkuszelt vor sich ging. Das Training dauerte jetzt immer fast doppelt so lang wie früher und wenn die Mädchen die Ponys endlich wieder ins Freie führten, hatten Bianca und Blacky jedes Mal feuchtes Fell. Doch nur wenige Eingeweihte wussten, was für eine Nummer die Mädchen mit den Ponys einübten ...

Endlich war es so weit: Der Frühling kam und mit ihm begann die Zirkussaison. Wie jedes Jahr zeigte der Zirkus Donatello auch heuer wieder die ersten Vorführungen in seinem Heimatort, bevor er mit dem neuen Programm auf Tour ging.

»Lasst uns das Beste hoffen«, sagte Bruno Donato am Tag vor der ersten Vorstellung zu seiner Familie. »Wenn die Besucherzahlen in diesem Sommer genauso schlecht sind wie letztes Jahr, dann ist es mit unserem Zirkus bald vorbei ...«

Und dann kam der große Abend. Die Luft knisterte vor Spannung, während sich das Zirkuszelt mit Besuchern füllte. Mariettas Vater sah es mit ungläubigem Staunen: Das Zelt füllte sich wirklich! Bis zum letzten Platz war es ausverkauft und Bruno Donato führte das vor allem auf die Werbung zurück, zu der ihnen Herr Kramer verstärkt geraten hatte.

Als alle Zuschauer Platz genommen hatten, trat der Zirkusdirektor in die Manege, um die erste Nummer anzukündigen: den Feuerschlucker Jimmy, der gleichzeitig Trampolinkünstler und Seiltänzer war. Atemlos folgte das Publikum seiner Vorführung und als der Applaus nach Jimmys Nummer kaum enden wollte, fiel die erste Anspannung von den Zirkusleuten ab.

Jetzt kündigte Bruno Donato die nächste Nummer an. »Nun kommen wir zum ersten Höhepunkt unserer heutigen Vorstellung!«, rief er. »Die meisten von Ihnen haben es bestimmt schon auf unseren Plakaten gelesen – und hier ist sie: die erste Zauberzebradressur der Welt, vorgeführt von Marietta und Reni!«

Während das Publikum begeistert klatschte, galoppierten zwei schwarz-weiß gestreifte Pferdchen in die Manege. Unter dem tosenden Applaus der Zuschauer wirbelten die beiden Streifenpferde, die auf den ersten Blick wie echte Zebras aussahen, durchs Manegenrund. Eines der Zebrapferdchen lief links herum, das andere auf einem etwas kleineren Kreis rechts herum. Durch die schnellen Bewegungen verwischten sich die gestreiften Körper zu faszinierenden Mustern, sodass im flackernden Lichtorgelschein schwarz-weiße Karos, Streifen, Punkte und Rauten durch die Manege zu schwirren schienen. Mystisch klingende Instrumentalmusik unterstrich das Spektakel, das die Zuschauer in eine geheimnisvolle Welt von Formen und optischen Täuschungen entführte. Schließlich blieben die gestreiften Pferdchen stehen und Marietta und Reni schwangen sich in eng anliegenden weißen Kleidern mit schwarzen Pailletten auf die bloßen Rücken der Pferde. Ohne Sattel und Zaumzeug ritten die Mädchen eine klassische Dressur, bei deren Anblick mancher Weltklassereiter vor Neid erblasst wäre. Reni und Marietta führten ein gekonntes Pas de deux vor, bei dem die gestreiften Pferde spiegelbildlich dieselben Übungen ausführten. Untermalt von den sphärischen Klängen einer Panflöte tanzten die Streifenponys jetzt durch die Manege und schillerten im bunten Schein der Lichtshow wie Wesen von einer anderen Welt.

Als sie schließlich mit einem lauten Paukenschlag in der Mitte der Manege zum Stehen kamen und Marietta und Reni fröhlich ins Publikum winkten, brach ohrenbetäubender Applaus los. Diese Art von Pferdedressur hatte noch nie ein Mensch gesehen und sie übertraf alle anderen Vorführungen, weil sie die Zuschauer regelrecht verzauberte.

»Vielen Dank, verehrte Damen und Herren!«, rief Marietta atemlos ins Publikum, als sich der Beifall allmählich legte. »Zu guter Letzt möchten wir noch einen kleinen Kunstgriff aufdecken, den Sie bestimmt schon längst bemerkt haben.«

Sie gab einem Helfer am Rand der Manege einen kleinen Wink und jetzt prasselte von beiden Seiten der Manege aus zwei großen Schlauchduschen Wasser in das Zirkusrund. Wieder und wieder galoppierten die Ponys unter dem Wasservorhang hindurch, bis sich allmählich die schwarzen Streifen aus Biancas weißem Fell und die weißen Streifen aus Blackys schwarzem Fell lösten. Dann war der Zauber vorbei und die Ponys verließen mit ihren Reiterinnen die Manege.

Drinnen klatschten die Zuschauer immer noch Beifall, als Herr Kramer die Mädchen draußen überschwänglich beglückwünschte. »Ihr habt es geschafft! Eure Zauberdressur ist die wunderbarste Zirkusnummer, die ich je gesehen habe!«, rief er begeistert. »Das ist die Rettung für euren Zirkus, Marietta!«

»Meinen Sie wirklich?«, fragte Marietta mit leuchtenden Augen.

In diesem Augenblick kam auch ihr Vater angelaufen. »Ich bin überwältigt«, sagte er und drückte seine Tochter, nass wie sie war, fest an sich. »Vielen Dank«, sagte er gerührt. »Du weißt ja, wie sehr ich gegen diese Nummer war. Ich wollte den Zuschauern nicht vorgaukeln, dass sie bei uns echte Zebras zu sehen bekommen. Aber manchmal muss man auch etwas Ungewöhnliches wagen.«

Mariettas Herz schlug bis zum Hals, als sie nun fragte: »Dürfen Blacky und Bianca denn jetzt bei uns bleiben, Paps?«

»Na, du stellst vielleicht Fragen!«, rief Bruno Donato fröhlich. »Glaubst du vielleicht, ich entlasse meine besten Mitarbeiter?«

»Juhu!«, jubelte Marietta und fiel erst ihrem Vater und dann Reni um den Hals. Anschließend wirbelte sie zu ihren Ponys herum.

»Wisst ihr, was ihr seid?«, rief Marietta übermütig und knuddelte Blacky und Bianca mit je einer Hand. »Ihr seid zwei richtige kleine Zauberpferdchen!«

Und es sah ganz so aus, als hätten die Ponys tatsächlich das Publikum verzaubert – denn die Nachricht von der ungewöhnlichen Zebranummer verbreitete sich wie ein Lauffeuer. Fast alle Zeitungen berichteten darüber und sogar zwei Fernsehsender strahlten die Zauberzebrashow aus.

Seitdem sind im Zirkus Donatello wieder alle Vorstellungen ausgebucht – so wie damals, als noch echte Wildtiere in der Manege aufgetreten sind...

**Alfred Wellm**

# Rayas Fohlen

Zuerst erkrankten die Geschwister. Bald aber bekam die Mutter die gleichen Schmerzen und sie fror sehr viel. Dann kam das Fieber. Eines Tages bekam auch der Vater die »Hongkonggrippe«. Sie waren machtlos und das ganze Dorf war schon erkrankt. Immer hieß es, dass es die »Hongkonggrippe« sei.

Nur gut, dass Irka schon ein großes Mädchen war. Sie kochte Nudelsuppe. Fliedertee. Sie holte Milch von Helene Zimmermann. Und sie kümmerte sich um Raya.

Gegen Mittag fand das Mädchen Garibaldi bei der Treppe. Er lag halb tot im Schnee. Das eine Ohr war arg zerbissen und an der linken Hinterpfote fehlte eine Kralle. Garibaldi war der jüngste Kater weit und breit und dies war seine erste Frühlingsbalz gewesen. Irka hatte den Kater in Vaters Stube gebracht.

»Ich weiß genau, dass es der fette Kater vom Hof gewesen ist«, sagte der Vater. »Ist noch immer dieser Schneesturm, Irka?«

»Es stiemt und stiemt«, sagte das Mädchen, »doch es macht mir gar nichts aus.«

Am Abend hörte Irka, wie der Vater im Fieber redete. »Dieser fette Kater, dieser Taubenfänger ...«

Er träumte, dass es Frühling wäre und er hätte sich von seiner Nachbarin das alte Tellereisen ausgeliehen. Und ein weißes Fischchen hätte er geangelt. Er war unten in der Fliederhecke und wollte nun das weiße Fischchen behutsam auf das Tellereisen binden, doch das alte Tellereisen ...

»Vater, es ist etwas mit Raya.«

»Mit Raya?«

»Sie ist so unruhig. Vielleicht bekommt sie auch die Grippe.«

»Die Grippe? Ich hab noch nie gehört, dass Pferde ...«

»Sie ist so sonderbar. Sie geht immer auf und ab.«

»Wir werden sehen, Irka. Geh nun endlich schlafen«, sagte der Vater.

Über Nacht hatte der Wind den Steig, der zum Stall hinführte, wieder zugeweht.

Die Stiefel sanken in den Schnee. Der kalte Wind spritzte das Wasser aus dem großen Eimer. Du hättest nachts einmal nach Raya sehen müssen, dachte das Mädchen. Vor der Tür stieß es den angewehten Schnee mit den Stiefeln fort. Als es den Stall öffnete, musste es alle Kraft aufwenden, denn der Wind schob sich sofort dazwischen und wollte ihm die Tür aus den Händen reißen. Erst als es die Stalltür hinter sich geschlossen hatte, wurde es gewahr, dass etwas Fremdes in den Sägespänen lag. Es war finster, denn der Schnee klebte an den Fensterscheiben und ließ nicht den Tag herein.

Mitten in der Box lag ein braunes Fohlen.

Das Mädchen hatte sich immer auf diesen Tag gefreut, nun aber stand es dort und wagte keinen Schritt. Es spürte, wie die Erregung kam und wie sie größer wurde. Es stand dort und starrte auf das Fohlen.

Schließlich aber hatte es den Wassereimer abgesetzt und war in die Box gegangen.

Alles war anders, als Irka es erwartet hatte. Die Stirn des Fohlens war sehr vorgewölbt. Es sah seltsam aus, wie das Fohlen altklug unter dieser großen Stirne um sich blickte. Das Mähnenhaar war schwarz und glänzte. Der eine Hinterhuf war weiß, sah sie.

Das Mädchen traute sich nicht, die blanke Mähne zu berühren, obwohl es das gerne getan hätte. Die schwarzen Nüstern blähten sich bei jedem Atemstoß. Auch hatte das Mädchen einen der kleinen Hufe mit der Hand umfassen wollen. Aber es traute sich nicht. Es stand behutsam auf und ging zurück.

Als Irka an der Türe war, wieherte das Fohlen. Und Irka war verwundert, dass es eine solch tiefe Stimme hatte.

»Was für ein Fohlen«, sagte der Vater. »Hast du den dicken Kater nicht gesehen?« Irka musste lange an der Schulter rütteln, ehe der Vater zu sich kam.

»Nein, es lebt!«, rief sie. »Es lebt!«

»Es lebt?«

Der Vater torkelte. Er hatte sich den schweren Mantel angezogen.

»Und die Stute? Was ist mit der Stute?«

»Ich hätte nie geglaubt, dass es eine solch große Stirn haben könnte.«

»Ist etwas mit der Stute?«

»Und die Mähne, die Mähne ist kohlrabenschwarz, und der linke Hinterhuf ...«

Als sie auf der Treppe waren, kam die Mutter aus der Stube. Sie war krank und müde und fragte, was um alles jetzt geschehen wäre.

»Das Fohlen!«, riefen sie zurück. »Raya hat ein Fohlen.«


Als sie zum Stall gingen, wussten sie noch nicht, dass ein schwerer Tag anfangen würde. Der Mann nickte zu den Sätzen, die das Mädchen sagte. Er taumelte einmal und hielt sich am Arm des Mädchens fest. »Nichts, Irka, es blendet mich nur so der Schnee.«

Sie traten in den Stall. Der Vater klopfte Rayas trockenen Hals.

»Und die Stirn, ist die Stirn nicht zu groß?«

»Nein, sie muss so sein, Irka. Also ist es doch ein Hengstfohlen«, sagte der Vater.

Das Fohlen war schon vor Mitternacht zur Welt gekommen. Es war völlig trocken. Seltsam, dachte der Mann, dass sie jedes Mal ein braunes Fohlen bringt. Und jedes Mal hat es den weißen Hinterhuf.

Er war geschwächt von der Krankheit, darum sprach er wenig, aber er freute sich sehr, dass sie dieses Fohlen hatten. Er sah, der Nasenrücken war stark durchgebogen. Auch hatte er sofort gesehen, es hatte die Erhöhung vor den Nüstern. Die Nasenlöcher waren groß und viereckig. Er beobachtete, wie feinnervig die großen Nüstern spielten.

Das Mädchen hatte nun keine Scheu mehr, es kniete bei dem Fohlen und streichelte die Hufe und die Mähne, die wie Seide war.

Dann küsste es die schwarzen Nüstern.

Aber dem Mann fiel ein, dass sie nun alles hier mit Stroh auslegen müssten.

»Nicht, Vater, wir behalten es für immer? Sag, dass wir es immerzu behalten werden.«

Dann liefen sie durch den tiefen Schnee. Sie taumelten und stützten sich und erzählten ihr Glück der Nachbarin. »Ja, stellen Sie sich vor, Frau Zimmermann, viel eher, als wir es erwartet haben.«

Und die Nachbarin hielt die Hände an die Brust gedrückt und schüttelte den weißen Kopf. »Nein! Aber so ist das Leben.«

Dann liefen sie wieder den Berg hinauf, die großen Strohbunde auf den Rücken.

Über Raya mussten sie sich wundern. Es war unerklärlich, dass sie ewig bei der Raufe stand, das Heu ausrupfte und nicht einmal zu dem Fohlen ging.

»Es stellt sich hin, Vater! Sieh nur, es stellt sich hin.«

»Gewiss«, sagte der Mann, »dachtest du, es würde ...«

Aber es war ein Ereignis, dass ihnen der Atem stockte. Das Fohlen stützte sich auf die Vorderbeine, zögerte, aber dann stand es plötzlich. Es schwankte. Und es war hochbeinig wie ein Elch.

Das Fohlen machte zwei schmale Schritte auf die Stute zu, aber die Stute wurde sofort unruhig. Und als das Fohlen näher kommen wollte, ging die Stute fort.

»Die Halfter, Irka, schnell die Halfter!« Sie legten Raya die Halfter um. »Und die Kette, Irka!« Der Mann kettete Raya an den Krippenring. »Ruhig, Raya! Jetzt ganz ruhig!«, sagte er.

Aber das Fohlen war während der Nacht schon viele Male zu seiner Mutter gegangen und das hatte niemals einen Erfolg gehabt. Nun wollte es nicht mehr.

Sie redeten beruhigend auf die alte Stute ein. Und tatsächlich fing das Fohlen an, unter Rayas Bauch zu suchen. Doch es suchte bei den Vorderbeinen.

»Nein, stör es nicht, Irka«, sagte der Vater.

Sie sahen, wie die Stute zitterte. Als das Fohlen das Euter fand, wieherte die Stute auf. Gleichzeitig hatte sie das Fohlen mit der Hinterhand gestoßen.

Das Fohlen schwankte. Dann stand es reglos und wie benommen. Dann legte es sich wieder in das Stroh.

Es war eingeschlafen. Sie sahen, wie das braune Fell sich hob und senkte.

»Muss es sterben, Vater? Sag, ob es jetzt …«

Der Mann sah, dass das Euter der Stute geschwollen war. »Sag, ob es jetzt sterben muss.«

»Sind die Traktoren mit dem Schneepflug in der Nacht gekommen?«

»Nein, sie sind noch immer nicht gekommen.«

Sie überlegten, sie sahen auf das Fohlen.

»Wenn wir den Tierarzt holen könnten«, sagte der Vater.

»Ich nehme die Ski«, sagte das Mädchen.

»Nein, das geht nicht, Irka. Und wie sollte der Tierarzt bis zum Hof kommen?«

Und sie überlegten wieder.

»Du könntest ein Schüsselchen mit kaltem Wasser holen«, sagte der Vater.

Das Mädchen kam zurück, mit einem Schüsselchen und einem Lappen.

Aber die Stute ließ den Vater nicht an das Euter kommen.

»Ich werde Milch holen, von Helene Zimmermann.«

»Nein«, sagte der Mann, »die erste Milch muss es von der Stute haben.«

Es wurde ein langer Tag im Pferdestall. Der Mann hatte Fieber und schwitzte von der Anstrengung. Jedes Mal, wenn er den Lappen an das heiße Euter legen wollte, schrie die Stute auf. Sie stemmte sich zurück und wollte den Kopf aus der Halfter ziehen.

»Vielleicht sollten wir es mit etwas Schmalz versuchen. Irka, lauf und hol ein Tellerchen mit Schmalz.«

Aber auch mit Schmalz ging es nicht. Sobald der Vater seinen Arm nach dem Euter ausstreckte, wurde die Stute unruhig, mit ihrer ganzen Kraft riss sie an der Halfterkette.

»Es wird sterben«, sagte das Mädchen.

Manchmal hob das Fohlen den Kopf und blickte nach der Stute. Aber dann schlief es wieder.

»Die Stute muss sich erst beruhigen«, sagte der Vater.

Sie mischten ein Futter. Und der Mann sagte, dass noch nichts verloren wäre. Es ist so eigenartig, dachte er bei sich, sie kann so gut wie gar nicht sehen, doch sie merkt sofort, wenn ich an das Euter fassen will. Wir müssen sie ablenken, dachte er, aber zuerst muss sie sich beruhigen.

Sie warteten eine halbe Stunde.

»Du könntest ihr den einen Vorderhuf anheben. Tu so, als würdest du die Hufe reinigen«, sagte der Mann.

Und die Stute war tatsächlich abgelenkt. Der Mann konnte mehrmals etwas Schmalz an das Euter tupfen. »Vorsicht, Irka! Nein, setz den Huf schnell wieder ab!« Aber das Euter, sahen sie, glänzte schwarz von Fett.

Sie beruhigten die alte Stute. Dann fächerte der Mann die Luft mit der Hand. Und dann sahen sie, dass die Stute Linderung empfand. Der Mann fächerte stärker und dichter an dem Euter. Die Stute stand nun still, als horchte sie in sich hinein. Als der Mann wieder Fett an das Euter tupfte, rührte sich die Stute nicht. »Den Lappen, Irka, schnell den Lappen!« Und auch das ließ die Stute nun geschehen.

Es war viel Zeit vergangen. Unerwartet kam ein

Milchstrahl aus der einen Zitze. Ein dünner Strahl. Doch die Milch floss, ohne aufzuhören. »Das Fohlen, Irka! Nun schnell das Fohlen!«

Das Fohlen war erschöpft und wollte nicht mehr zu der Stute. Aber der Mann hob das Fohlen auf und drückte die schwarzen Nüstern an die Zitze. Und noch immer stand die Stute, die Milch floss jetzt aus beiden Zitzen.

Der Mann war geschwächt. Aber das Fohlen war zu matt, um selbst zu stehen. Es kommt jetzt auf jeden Tropfen an, sagte der Mann zu sich. Doch er konnte das Fohlen nicht länger halten und legte es zurück ins Stroh.

»Aber es hat etwas getrunken.«

»Ja, etwas hat es getrunken«, sagte der Vater. Er wollte noch einmal das Fohlen unter das Euter heben, doch es gelang ihm nicht.

Sie warteten und dann versuchten sie es wieder. Ja, würde nun das Fohlen, während sie es hoben, selbständig nach dem Euter suchen? Aber das tat das Fohlen nicht. Sie setzten es ab und waren erschöpft.

»Und Raya ist jetzt so vernünftig.«

»Ja, sie ist so vernünftig.«

Es war nachmittags. Der Mann sah zu, wie Irka die kleinen Hufe streichelte. An den Händen klebten Fohlenhaare. Es hat nun alles keinen Sinn, dachte der Mann, es ist zu sehr geschwächt. Es hat wunderbare Nüstern, dachte er. Sie sind so dünnhäutig und groß und viereckig, wie sie nur die Araberpferde haben. Aber es besteht nun keine Aussicht mehr, dachte er.

Die Rettung kam auf seltsame Weise. Und als sie gar nicht mehr damit gerechnet hatten.

Sie hatten die Stute losgekettet und ihr die Halfter abgenommen. »Ach, Raya, wenn du wüsstest!«

Dann aber war die Stute zu ihrem Fohlen gegangen und hatte es mit den Nüstern betastet. Sie ging zur Krippe, doch sie kam zurück und beroch es wieder. Dann, unerwartet, legte sich die Stute in das Stroh.

Der Mann zögerte keinen Augenblick. Er hob das Fohlen auf und trug es zu der Stute. Und die Stute lag vollkommen reglos, als er das Fohlenmaul an das Euter drückte.

»Es trinkt, Vater! Es trinkt!«

Das Fohlen wechselte die Zitze und nun wurde es lebhafter. Es war, als ob es mit jeder Minute an Kraft gewinnen würde. Es trank und trank. Es war satt, aber es fing wieder an zu trinken. Dann hob der Mann das Fohlen auf und trug es von der Stute fort.

Sie konnten das noch gar nicht glauben. Sie streichelten die Stute, sie gingen wieder zu dem Fohlen.

»Wenn wir das dem dicken Möller sagen, Irka«, sagte der Mann, »nie im Leben wird er uns das glauben.«

Und das Mädchen sagte: »Aber wir haben es erlebt.«

»Ja, Irka, wir haben es erlebt.«

### Nortrud & Nikola Boge-Erli

# Marens eigenes Pferd

Jetzt gehörte er ihr. Er war da. Frau Anselm vom Gestüt Eulengrund hatte angerufen.

Ameisen im ganzen Körper, mit so einem Gefühl saß Maren jetzt neben ihrer Mutter im Auto. Sie bogen von der Bundesstraße ab und rollten die schmale Teerstraße zwischen Feldern und Wiesen entlang. Maren sah die hohen alten Bäume, unter denen die Pferde weideten. Viel Land gehörte zu diesem Gestüt, das sie und die Eltern ausgesucht hatten. Hier draußen, oberhalb der Stadt, gab es mehrere Gehöfte, deren Besitzer keine Landwirtschaft mehr betrieben. Sie nutzten Ställe und Wiesen, um Pferde zu halten. Das brachte mehr ein, denn zahlungskräftige Pferdeliebhaber gab es in dieser Großstadt genug.

Gründlich und geschäftstüchtig wie Marens Eltern waren, hatten die Köhlers ihre Beziehungen ausgenutzt und sich gut umgehört, ehe sie sich für den Reiterhof Eulengrund entschieden hatten. Der Eulengrund war ein kleineres Gestüt, das etwa zwanzig Pferde aufnehmen konnte.

»Alles schön übersichtlich und privat!«, hatte Frau

Köhler der besorgten Inge Winkler am Telefon versichert. Da endlich hatte die Ärztin ihnen Winnie verkauft. Und jetzt war er angekommen.

Das Wetter war herrlich heute. Leichter Wind spielte mit den Mähnen der Pferde, die am Bach und auf den sanften Hängen standen oder trabten. Maren rieb die Handflächen aneinander.

»Na, freust du dich?«

»Klar, wahnsinnig. Ach Mammi, ich war noch nie so glücklich.«

Die Mutter lächelte. »Ich fühle mit dir«, sagte sie und legte ihre Hand auf Marens Knie.

Ein Auto mit Allradantrieb und Safari-Stoßstangen kam ihnen entgegen. Frau Köhler fuhr dicht rechts ran und ließ es vorüber.

»Damit haben sie ihn gebracht!«, rief Maren und zappelte wie ein kleines Kind, »der hat einen Pferdeanhänger. Da war Winnie drin! – Wie sich ein Pferd wohl fühlt, wenn es stundenlang im Transportanhänger stehen muss?«

»Ich bin kein Pferd«, sagte Frau Köhler und lachte.

Sie rollten in den Hof, der mit Kopfsteinen gepflastert war, stiegen aus und wateten in ihren neuen Gummistiefeln durch öligbraune Lachen, Strohreste und zertretenen Pferdedung an den vorderen Ställen vorbei, den immer aufgeweichten Weg hinunter zum Bauernhaus. Wieder sah Maren die vielen jungen Mädchen, die Schubkarren voller Stroh zu den Ställen karrten, an den offenen Boxen standen und sich unterhielten oder Pferde am Halfter zum Reitplatz oder auf die Koppeln führten.

»Da ist er!« Maren spürte einen heißen Stich in der Brust. Ein Mädchen in ihrem Alter, in altem Pulli und verdreckter Reithose, führte ein helles Haflingerpony aus einer der Boxen, die zum Weg hin lagen. Maren lief los, holte Mädchen und Pferd ein und rief. »Warte, lass mich das machen, Winnie ist mein Pferd!«

Das Mädchen sah Maren etwas verwirrt an. »Wer bitte? Was ist los?«

Das Pony schnaubte, hob ein wenig den Kopf und schaute Maren gleichgültig an.

»Winnie gehört mir. Er ist eben erst angekommen. Ich möchte ihn selbst herumführen!«

»Sie heißt aber nicht Winnie, sie heißt Uta und gehört zum Gestüt. Uta ist ein Schulpferd. Ich bring sie rüber zur Halle.« Sehr freundlich guckte das Mädchen nicht gerade.

Was sie sagte, traf Maren wie ein Schlag. So etwas Peinliches! Sie hatte ein lahmes Schulpferd namens Uta für Winnie gehalten. Sahen denn alle Haflingerponys gleich aus? Sie hätte schwören können, dass es Winnie war!

»Na, komm!« Ihre Mutter legte den Arm um sie.
»Frau Anselm wird uns zeigen, wo unser Winnie
steht.«

Die Besitzerin des Gestüts, Frau Anselm, war eine
junge Frau mit langem kastanienbraunem Haar, das
sie im Nacken zu einem Schweif gebunden hatte. Sie
trug Reithosen und einen alten Wollpulli und mistete
gerade selbst einen Stall aus. Ihr achtjähriger Sohn,
der im Haus Schularbeiten machte, hatte Köhlers zu
ihr geführt. Und zwar, wie Maren schien, durch zahl-
lose Ställe, an unglaublich vielen Boxen vorbei. Maren war erst einmal mit den Eltern zur Besichtigung
hier gewesen, und im Vergleich mit dem Sonnenhof,
den sie davor angesehen hatten, war ihr der Eulengrund klein vorgekommen. Jetzt war sie verwirrt. So
viele Pferde; draußen welche, drinnen welche, und
Winnie nirgends zu finden.

»Ach, schön, dass Sie da sind!«, sagte Frau Anselm
und wischte sich mit dem Handrücken eine Haar-
strähne aus der Stirn. »Mit Winnie ist alles glatt gelaufen. Ich zeig Ihnen, wo er steht. Mich müssen Sie
heute leider entschuldigen. Zwei unserer Tiere haben
Fieber, der Arzt wird jeden Augenblick da sein, und
außerdem ist mein älterer Sohn, der sonst kräftig
mithilft, heute zur Musterung in der Stadt. Mir graut

schon, wenn er zum Bund muss. Dann steh ich nämlich da mit der vielen Arbeit!« Sie lachte freundlich,
als wäre alles, was sie sagte, nur halb so schlimm,
wie es klang.

Während sie sprach, führte sie Maren und ihre
Mutter um drei Ecken, und da stand er. Winnie!
Diesmal war er es wirklich. Seinen Namen hatte jemand auf die Stalltür geschrieben. »Ich schicke
gleich ein Mädchen, das wird dir dann zeigen, wo du
Heu und Futter findest, und dir sagen, was du sonst
noch wissen musst. Tut mir Leid, Frau Köhler, dass
ich gerade heute so wenig Zeit übrig habe. Wir haben sicher noch Gelegenheit für ein Pläuschchen!«
Sie wischte sich die rechte Hand an der Hose ab und
reichte sie dann Frau Köhler.

»Wir kommen schon zurecht!«, sagte Marens Mutter in ihrer freundlichen Art. »Ich kenn das von unserem Betrieb her. Manchmal kommt einfach alles
zusammen, da kann man nichts machen!« Sie
drückte Maren an sich, küsste sie flüchtig auf die
Wange. »Mach's gut, mein Mäuschen!«

»Mammi, bitte bleib noch. Ich kenn mich doch gar
nicht aus hier!« Maren sah ihre Mutter verzweifelt
an. »Du hast doch gesagt, dass du Winnie selbst reiten willst!«

»Ja, hab ich, aber jetzt nicht. Ich muss ins Büro zurück. Bitte quengel nicht herum, Maren. Ich muss los. Ich hol dich dann ab!«

Weg war sie. Maren fühlte sich verlassen. Aber so kannte sie ihre Eltern ja. So waren sie normalerweise. Zeitgestresst, immer in Eile. Das Geschäft ging vor. Maren musste sehen, wie sie allein zurechtkam. Es war nie anders gewesen. Was hatte sie denn von Mammi erwartet?

Frau Anselm sah sich suchend um. »Warte einen Moment. Es kommt gleich jemand, der dir weiterhilft.«

Da stand sie also. Winnie scharrte ungeduldig mit den Hufen. Maren strich sich das Haar aus der Stirn. Die anderen Mädchen, die geschäftig hin und her liefen und mit Fachausdrücken um sich warfen, beachteten Maren gar nicht.

»Sternchen, Winnie, bleib doch ruhig!« Aber Winnie tänzelte immer nervöser auf der Stelle herum.

»Kennst du mich denn gar nicht mehr?« Mit einer Hand wollte sie ihn streicheln, aber er wich aus, schnappte nach ihr. Jetzt kamen zwei Mädchen auf sie zu. Zwei! Die eine hatte vorhin dieses Haflingerpony herumgeführt, das Maren in ihrer Aufregung für Winnie gehalten hatte. Die andere war zierlich, hatte glattes dunkles Haar und redete mit heftigen Gesten auf die Erste ein. Jetzt blieben sie stehen. Die kleine Dunkelhaarige guckte Maren scharf an. – Das Gesicht hab ich schon mal gesehen, dachte Maren. Aber es fiel ihr nicht ein, wann oder wo das gewesen sein konnte.

»Bist du Margit?«, fragte die Ponyführerin.

»Maren!« Ärgerlich warf sie das Haar zurück. Winnie schnaubte. Die kleine Schwarze trat zu ihm, legte ihre Hand auf seinen Hals. Winnie ließ es zu. Das Mädchen schnalzte mit der Zunge und flüsterte mit Winnie. So hatte Tim mit der Zunge geschnalzt, wenn er Winnie lobte.

»Und das ist Winnie?«, fragte die andere.

Maren fühlte sich nicht verpflichtet, darauf zu antworten. »Ich bin Sophie und das ist Carmen«, sagte die Schwarze. Sie guckte wieder so genau. »Wir haben uns, glaub ich, vor ein paar Wochen mal bei Winklers gesehen, oder?«

Maren spürte einen zornigen Schrecken. Bei Winklers also! Darum kannte sie Sophie vom Sehen. Sophie war Evas Freundin! Etwas Schlimmeres hätte ihr in diesem Augenblick kaum geschehen können. Evas Sophie! Evas Schatten reichte also bis hierher nach Hubbelrath. Ausgerechnet hier musste Sophie wohnen. War Düsseldorf nicht groß genug? Gab es nicht genügend andere Stadtteile, genug andere Gestüte? Auch Sophie schien nicht gerade begeistert über dieses Treffen. Sie lächelte verkrampft und drehte sich dann wieder zu Winnie, der an ihrem Pulliärmel zupfte.

»Er braucht Bewegung nach der langen Fahrt, meinst du nicht? Wir sollten Maren später alles zeigen. Erst mal muss er raus.«

»Find ich auch!« Carmen nickte. Dann wandte sie sich an Maren. »Hast du eine Longe?«

Äh … was?« Maren wurde rot. Verdammt, konnten die sich nicht vernünftig ausdrücken? Sophie und Carmen schauten einander an.

»Regel du das mal«, sagte Carmen. »Dich hat Winnie wenigstens schon mal gesehen, und von Eva weißt du j a einiges über ihn. Ich gucke, ob die Halle überhaupt frei ist.«

»Die Halle?« Sophie, die wieder Winnies Hals tätschelte, drehte sich um. »Wieso die Halle, Winnie kennt Hallen überhaupt nicht. Der ist einen kleinen Stall ohne Boxen gewohnt und eine große Wiese. Den verwirrt das hier total. Außerdem war er lange genug eingesperrt.«

Carmen zuckte die Schultern. »Der Platz ist um diese Zeit besetzt.«

»Dann warten wir eben und führen ihn so lange ein bisschen auf der Koppel herum. Hol schon mal die Longe, Carmen.«

Carmen guckte missmutig. »Auf der Koppel? Wenn du meinst ...«

»Hast du Winnie überhaupt schon mal geritten?«, fragte Sophie, als Carmen weg war.

»Ich bin noch nicht dazu gekommen!« Ständig diese peinlichen Fragen! Sophie und Carmen waren genau so rechthaberisch und großspurig wie Eva.

»Aber longiert hast du ihn?«

»Nein«, sagte Maren so cool wie möglich, »ich fang doch erst mit allem an. Statt mit mir herumzumeckern, könntest du mir ja mal zeigen, wie es geht.«

»Okay«, Sophie betrachtete Maren eine Spur freundlicher, »es ist nur, weil Eva mir erzählt hat, dass du gar nicht reiten kannst.«

»Na und?« Maren spürte wieder ihren heißen Zorn hochsteigen. »Ist es denn verboten, ein Pferd zu haben, wenn man noch nicht reiten kann? Ich werde Stunden nehmen und die dämliche Longe kaufe ich gleich morgen.«

»Verboten ist es nicht«, sagte Sophie, »aber es ist ein bisschen unpraktisch. Und Winnie ist kein –«, sie suchte nach einem passenden Wort – »kein sanftes Schulpferd. Du musst wahrscheinlich erst auf Uta üben. Aber du wirst Winnie ja selbst pflegen, dann lernt ihr euch auch kennen.«

»Vielleicht überlässt du das mir, ja?« Es klang schärfer, als Maren wollte. Sie fühlte sich so hoffnungslos unterlegen, und irgendwie spürte sie, dass diese Sophie Recht hatte. Sophie zuckte nur mit den Schultern, dann machte sie Winnie los. Carmen schwenkte ein langes Seil. »Utas Longe, die wird sowieso gerade geritten. Also, wohin gehen wir?«

»Einfach so rum«, sagte Sophie unbestimmt. »Komm, Maren, es ist dein Pferd.« Sie lächelte und zog Winnie am Halfter zu ihr.

Ja nichts falsch machen!, dachte Maren. Sie spürte das warme Fell des Ponys auf ihrem Handrücken und Winnies Atem, als er schnaubte. Er gehörte ihr, aber jetzt war er ihr so fremd wie irgendein anderes Pferd. Vorsichtig zog sie ihn halb neben sich, halb hinter sich her und wunderte sich, dass er ihr gehorchte. Sophie und Carmen gingen langsam voraus und redeten über andere Pferde. Würde sie je lernen, so zu reden und zu sein? Winnie bockte. Er wollte nicht weiter.

»Komm, los«, sie zerrte am Halfter.

Sophie drehte sich um. »Sei nicht so ungeduldig, Maren. Komm, ich helf dir.« Sie gab Winnie einen Klaps. »Nun komm schon, Winnie. Sei vernünftig.« Winnie ließ sich wieder mitziehen. Sophie blieb neben ihr. »Da oben ist die Halle. Wir gehen aber erst mal auf die Koppel. Wenn der Platz frei ist, dann zeig ich dir, wie man Winnie longiert.«

Carmen drehte sich um. »Ich weiß nicht, ob es klug ist, Winnie auf der Koppel rumzuführen. Da sind die ganzen anderen Wallache, der dreht doch durch.«

»Winnie war mit anderen Pferden zusammen.« Sophie blieb auch Carmen gegenüber geduldig.

»Ich schau mal nach, ob der Platz jetzt frei ist. Mir ist das nicht geheuer«, sagte Carmen, es klang bockig.

Sie machte kehrt.

In diesem Augenblick riss Winnie so heftig den Kopf hoch, dass Maren vor Schreck losließ.

»Mensch, pass doch auf!« Carmen war mit einem Sprung zurück, hielt Winnie fest. Sophie nahm Carmen Winnie ab. »Meine Güte, als ob dir noch nie ein Pferd durchgegangen wäre!«, sagte sie.


Winnie tänzelte ungeduldig hin und her, als ihn Sophie am Halfter auf den Platz führte. Der Platz war voller halbgetrocknetem Matsch. Zum Teil sanken die Mädchen bis zum oberen Rand der Gummistiefel ein. Fachkundig machte Carmen ein langes Seil an Winnies Halfter fest.

»Ho, ruhig, mein Junge, ruhig.« Sophie redete auf Winnie ein. Ihr Winnie – aber er gehorchte nur

Sophie, so konnte es nicht bleiben. So hatte sie es nicht gewollt.

Sobald Sophie das Seil locker ließ, stürmte Winnie los. Carmen stellte sich in die Mitte. »Willst du ihm mal longieren, Marianne?«

»Maren heißt sie.« Sophie lachte.

»Jetzt pass mal auf.«

»Teerab!«, rief Sophie. Es klang wie ein Befehl. Winnie wurde langsamer – nein, nicht wirklich langsamer, er bewegte die Beine nur irgendwie anders als vorher. Wie genau, wusste Maren nicht. Aber er schien alles richtig zu machen, denn Sophie und Carmen nickten einander zu.

»Jetzt du!« Carmen gab ihr die Longe. Krampfhaft hielt Maren sie fest.

»Sie soll dann auch gleich mal rauf, wir können Utas Trense nehmen«, sagte Sophie zu Carmen.

»Gleich schon drauf? Na, ich weiß nicht. So wie die sich anstellt … Außerdem reitet Bine gerade auf Uta.«

Sophie drehte sich zu Maren, die immer noch in der Mitte stand, die Longe in der Hand. Sie traute sich nicht, Winnie ein Kommando zuzurufen. Wenn er dann nicht auf sie hörte?

»Pass auf, jetzt bring ihn mal zum Stehen. Ruf einfach ›Steh‹.«

Sophie lächelte sie an.

Zu Carmen sagte sie: »Dann eben Silvers Trense. Einen Sattel kann sie von mir haben. Komm schon, Carmen. Je früher sie es lernt, desto besser.«

»Was will jemand wie die überhaupt mit einem Pferd?«, murrte Carmen.

»Steh!«, rief Maren. Ihre Stimme klang komisch. Aber Winnie blieb stehen.

»Na also!« Sophie freute sich richtig. »Es geht doch! Ho, Winnie, guter Junge. – Jetzt bring ihn zum Traben. Zuerst rufst du ›Schritt‹, das heißt, besser ›Scheritt‹, mit langem e, und dann nach einer Weile ›Terab‹. Versuch's mal!« Sie klopfte Winnie den Hals.

»Sophie, was ist jetzt?«, rief Carmen von der Mitte her. Sophie lief zu ihr hin.

»Ja, hol mal, was du findest, ich mach das hier schon.« »Ich finde ja, sie sollte erst mal Unterricht nehmen«, sagte Carmen, aber sie drehte sich um und ging.

»Lass die mal reden.« Sophies Stimme klang munter. »Die muss immer meckern. Also los jetzt. Erst Schritt, dann Trab, klar?«

Winnie stand immer noch, aber er wurde schon wieder ungeduldig und scharrte mit den Hufen.

»Scheeeeritt!«, rief Maren. Winnie setzte sich langsam in Bewegung. War es das, was sie sich gewünscht hatte? Dem Pferd Kommandos zuzuschreien?

»Teeerab!«

»Halt, nein, zu früh!« Sophie griff nach der Longe. »Winnie, Junge, wenn man dir schon Trab sagt, dann tu's auch wenigstens, selbst wenn es falsch ist! Komm, steh! Ste-eh!«

Winnie blieb stehen. Sophie ging wieder zu ihm hin, Maren folgte ihr. Es war ihr peinlich, dass sie schon wieder etwas falsch gemacht hatte. Sophie machte die Longe los und redete leise auf Winnie ein. »Ist ja gut, mein Junge, jetzt darfst du erst mal rennen. Ruhig, bleib doch stehen. Gleich kannst du ja wieder los.«

Sie drehte sich zu Maren um. »Ich reite ihn jetzt erst mal, bis Carmen mit dem Zeug kommt. Warte hier, ja?«

Maren konnte nur noch nicken. Nein!, dachte sie. So geht das nicht weiter! Es ist mein Pferd, mein Winnie! Ich will ihn bei mir haben! Aber sie sagte nichts, sondern sah zu, wie sich Sophie auf Winnie schwang. Sie griff in die Mähne – Zügel hatte sie ja nicht – und trieb Winnie an. Toll sah es aus. Wie eine Amazone ritt Sophie, sie wurde richtig eins mit dem Pferd. – Das ist es, was ich will, dachte Maren. Aber hier wird das nichts.

Auf einmal bockte Winnie. Maren freute sich.

Aha, so perfekt war Sophie auch nicht! Aber sie redete auf ihn ein und er lief weiter.

Carmen schlenderte quer über den Platz. Sie trug einen Sattel über den Armen. Auf Maren achtete sie gar nicht. »Hey, Sophie, nimm mal ab, das Zeug ist tierisch schwer!« Sophie brachte Winnie zum Stehen. »Jungejunge, der hat Temperament! Ich glaub, du hast Recht, das ist noch nichts. Warte mal, hol doch Uta! Den Sattel kannst du dalassen. Das ist für den Anfang besser, Maren muss ja erst mal lernen. Dann reite ich auf Winnie, ich kann ihn einigermaßen bändigen.«

»Du weißt auch nicht, was du willst!«, murrte Carmen. »Die stellt sich selbst bei Uta an, da kannst du Gift drauf nehmen. Aber wenn du meinst, dass sie heute unbedingt noch reiten muss ... ich hole Uta.«

Maren war wütend. Was entschieden die eigentlich über sie und Winnie?

Sophie hielt Winnie fest. »Du bist ein ganz Wilder, hmm?« Sie hängte den Sattel auf den Zaun.

»Uta wird dir gefallen.« Sie sagte es unbestimmt, Maren wusste nicht, ob sie Maren selbst oder Winnie gemeint hatte.

Sophie saß auf Winnie, der unruhig um Uta herumlief. Uta war zwar gesattelt, aber Carmen nahm den Sattel ab, um Maren das Aufsatteln zu zeigen.

»Schau gut zu, Maren, morgen musst du es selber versuchen! Noch einmal zeig ich's dir nicht!«

Sie zurrte den letzten Gurt fest.

»Ich longiere sie erst mal, okay?«, sagte sie zu Sophie. »Du kannst dann mit Winnie nebenher reiten.«

Sophie nickte. »So, Maren, dann mal rauf mit dir!«

Hilflos stand Maren vor der gesattelten und gezäumten Uta. Sie hatte ein komisches Gefühl im Magen. Wie denn »rauf mit dir«?

»Pass auf«, sagte Carmen. Sie klang, als redete sie mit einem kleinen Kind. »Mit dem Fuß trittst du da rein, dann schwingst du dich auf und trittst mit dem Fuß da in den Steigbügel. Klar?«

Maren nickte und kämpfte gegen die Tränen an, die in ihr aufstiegen. Hielten die alle sie für bescheuert?

Sie stieg mit dem Fuß in den Steigbügel und wollte sich aufschwingen. Aber sie war schon halb oben, da verlor sie den Halt und rutschte wieder nach unten.

»Mein Gott!«, stöhnte Carmen. »Du bist ja ungeschickter als ein kleines Kind!«

Tränen schossen Maren in die Augen. Sie wischte sie nicht weg. Die sollten sie ruhig sehen!

»Es ist das erste Mal, dass sie auf ein Pferd steigt«, beschwichtigte Sophie. »Komm, Maren, ich helf dir.« Sie stieg von Winnie.

»Halt ihn mal, Carmen, der ist wirklich ziemlich störrisch.«

Maren stieg das Blut in den Kopf. Aber mit Hilfe von Sophie saß sie schließlich doch oben.

»Na also, ist doch alles halb so wild.« Sophie schwang sich wieder auf Winnie und Carmen machte eine Longe an Utas Trense fest.

»Nein, du musst die Zügel so halten!« Carmen ging zu ihr hin. »Den Daumen hier, den Zeigefinger ... nein, hier muss der Daumen hin! Kapier's doch endlich mal!«

Sophie führte Winnie neben Uta. »Sie macht das doch schon ganz gut, nicht, Maren?« Sie lächelte wieder. »Hör zu, Carmen, ich reit ihn mal eine Runde, er kann nicht länger stillstehen. Das ist ein Pferd – meine Güte, wie sind die bloß mit ihm fertig geworden?«

Jetzt lästerte sie auch noch über ihn! Maren wollte Winnie verteidigen, aber Sophie drückte die Schenkel in Winnies Seiten und er sauste los.

Maren klammerte sich an die Zügel. Sie hatte gar nicht gedacht, dass Haflingerponys so groß waren, wenn man oben saß! Wenn sie nach unten schaute, bekam sie Angst zu fallen.

Carmen stellte sich wieder in die Mitte.

»Scheeritt!«

Uta setzte sich in Bewegung. Es schaukelte gewaltig.

»Mach dich nicht so krumm, Marion, aufrecht sitzen!«

»Sie heißt Ma-ren!«, lachte Sophie im Vorbeireiten. Sie brachte Winnie zum Stehen und führte ihn langsam neben Uta.

»Von mir aus Maren.« Carmen hob die Stimme. »Maren, du sitzt da wie ein Kochtopf! Fußspitzen nach innen!«

Es war unbequem, so zu sitzen.

Sophie stieg ab.

»Komm, Carmen, nimm du Winnie, ich mach das schon mit Maren.«

Wie Dinge behandelten die beiden Maren und Winnie! Nimm du das, ich nehme das. Maren wurde immer verzweifelter.

Jetzt hielt Sophie die Longe. »Ganz ruhig, Maren. Auf Uta bist du sicher. Du kannst ihr vertrauen. Setz dich gerade hin. Ja, gut! Und die Fußspitzen nach innen! Jetzt bringst du sie zum Stehen. Pass auf: Du ziehst die Zügel sanft an und verlagerst dein Gewicht nach hinten. Und dann rufst du ›Steh‹, klar?«

Wie sollte sich ein Mensch das alles merken?

Natürlich machte Maren wieder irgendwas falsch, denn Uta blieb nicht stehen, auch nicht, als sie noch fester an den Zügeln zog.

Carmen stand mit Winnie an der Seite und beobachtete Maren. Als Uta nicht stehen blieb, lachte sie schallend. Auch Sophie verbiss sich ein Kichern.

»Du darfst natürlich nicht gleichzeitig die Schenkel in die Seiten drücken. Das ist nämlich zum Antreiben. Also noch mal!«

Trense und Englischsattel, Longe und Steigbügel, Schritt, Trab, Galopp und Steh, Kardätsche, Striegel, Hufkratzer und Sattelseife. Diese Dinge schwirrten Maren abends durch den Kopf, als die Mutter sie abholte. Und sie wusste noch nicht einmal bei der Hälfte der Wörter, was sie bedeuteten. »War's schön?«, fragte Marens Mutter und hielt ihr die Autotür auf.

»Ja, wunderschön«, knurrte Maren und sah sich nicht mehr nach Winnie um.

**Barbara Bartos-Höppner**

# Eine Steppengeschichte

»Da war mal«, begann der grauhaarige Wassilij und drückte mit dem Daumen den Tabak in seine Pfeife, »also, da war mal vor vielen Jahren ... Ach, dass ihr mich immer um eine Geschichte quälen müsst!«

Wassilij sah die Kinder an, die mit ihm um das Feuer herumsaßen: Konstantin, Mitja, Alexej, Xenia, Boris, Sonja. Alle saßen sie da, machten große Augen und warteten.

»Wo soll ich sie denn immer hernehmen, die Geschichten, hm? Wenn man alt wird, geht das nicht mehr so leicht. Entweder es fällt einem nichts mehr ein, oder man erzählt alles doppelt.«

»Aber Großväterchen Wassilij«, sagte Sonja, die sich ganz dicht an den Alten herangesetzt hatte. »Es war doch so ausgemacht, weißt du denn das nicht mehr? Im Winter, als wir einmal bei dir im Pferdestall saßen, da hast du gesagt: ›Wenn der Sommer kommt und die Kosaken in die Steppe zur Heuernte gehen, wisst ihr, was wir dann machen? Dann nehmen wir uns einen großen Leiterwagen, spannen uns drei schöne Pferde davor und bringen den Kosaken das Abendessen hinaus. Und dann bleiben wir die Nacht über bei ihnen in der Steppe. Wir machen uns ein Feuerchen an, ich backe euch Tschurek-Kuchen, wie ich sie in meiner Kindheit gegessen habe, und dann hol ich mein Pfeifchen aus der Tasche, Ihr setzt euch alle um mich herum, und ich erzähle euch eine Geschichte. Und wenn es finster worden ist, nehmt ihr eure Decken, legt euch auf den Wagen und hört zu, wie die Kosaken ihre schönen Lieder singen, und wenn sie aufhören, lauscht ihr in den Wind, der die Steppe in den Schlaf wiegt, und zählt die Sterne, die über euch am Himmel stehen. Nichts ist so schön‹, hast du gesagt, Großväterchen Wassilij, ›wie eine Nacht in der Steppe, wenn das Heu duftet und der Himmel so hoch ist und die Steppe so weit, als ob sie keinen Anfang und kein Ende hätte.‹«

»Jawohl, Sonja hat Recht«, sagte Alexej. »Und jetzt sind wir hier, und das Feuer brennt, und wir haben deine guten Tschurek-Kuchen gegessen, du hast dein Pfeifchen schon in der Hand und musst es nur noch anzünden, und jetzt kommt die Geschichte wie von selbst, du wirst es sehen.«

Die kleine Sonja drückte sich an Wassilijs Arm. »Du hast sie doch schon angefangen. ›Da war mal vor vielen Jahren ...‹ Na, Großväterchen, na? Ist es eine lustige Geschichte?«

»Es soll überhaupt keine lustige sein!«, rief Konstantin. »Lieber eine mit Räubern.«

»Ja, mit Räubern!«, stimmten die Jungen zu.

»Nein, nein«, ereiferten sich die Mädchen. »Lieber eine von einer schönen Zarewna, die von einem Ungeheuer bewacht wird und die dann befreit wird.«

»So ein Quatsch! Lieber von Gespenstern oder vom Krieg und von Pferden. Eine wahre Geschichte, nichts Ausgedachtes.«

Der grauhaarige Wassilij zog zweimal an seiner Pfeife, seufzte, legte den Arm um die kleine Sonja und begann noch einmal.

»Also, da war mal, es ist schon viele Jahre her, ein Trupp Kosaken in die Falle der Kalmücken geraten. Schlau hatten es die Kalmücken anzufangen gewusst, waren an die Wolga gekommen, hatten dem Kosaken Ataman was vorgejammert, wie die Kirgisen dauernd über ihre Lager herfielen, ihre Herden raubten und so weiter, und der Ataman – warum hätte er ihnen nicht trauen sollen? – sagte Hilfe zu und setzte einen Trupp Kosaken in Marsch. Es war mitten im Winter, die Wolga dick zugefroren. Sie konnten gut hinüberreiten. Unterwegs fingen sie sich ein Kamel und ein paar Schafe, die ihnen als Nahrung dienten, und so litten sie trotz der Kälte keine Not.

Nach tagelangem Ritt sahen sie endlich das Kal-
mückenlager vor sich. Eine Filzhütte stand neben der
anderen, sie freuten sich auf ein warmes Lager und
rechneten mit einem freundlichen Empfang. Wie
groß aber war ihr Erstaunen, als ihnen ein Priester
entgegenkam, der ihnen riet weiterzuziehen. Bei diesen Kalmücken sei heute Fasttag, sagte er, und sie
würden keine Aufnahme finden.

›Wir werden uns schon Einlass verschaffen‹, sagten
die Kosaken, ›denn wir sind nicht auf irgendeiner
Reise, sondern wir sind euch zu Hilfe geschickt worden.‹

›Kosaken‹, erwiderte der Priester, ›wenn unter euch
einer ist, der lesen kann, so will ich ihm ein Buch
zeigen, in dem geschrieben steht, dass die Kalmücken euch Russen eines Tages besiegen werden.‹

Die Kosaken, richtige Draufgänger, wie ihr euch
denken könnt, lachten nur und dachten sich nichts
bei diesem Wink.

Sie ritten weiter. Sie hatten gute Gewehre und Pferde. Was sollte ihnen schon geschehen? Also ver-
schafften sie sich Einlass in die Hütten, verlangten
zu essen, zu trinken und wollten am nächsten Tag
weiterreiten zu dem Kalmückenfürsten. Noch in der
Nacht aber wurden sie getötet, bis auf einen Einzigen, der in der Hütte des Priesters geblieben war und

deshalb verschont wurde. Aber auch ihm war das Pferd geraubt worden, seine Kleidung gestohlen, und sein Gewehr sah er in den Händen eines Kalmücken. Zu seiner großen Verwunderung bemerkte er außerdem, dass die Kalmücken ihre Filzhütten den Kamelen aufluden und sich zur Flucht anschickten.

›Ergib dich in ein hartes Los‹, sagte der Priester zu dem Kosaken. ›Ich will es lindern, wo ich kann. Du bist zur Sklaverei bestimmt. Unser Volk ist auf dem Weg nach China, und du wirst deine Heimat niemals wieder sehen.‹«

Der alte Wassilij stocherte mit einem Ast in der Glut, hielt ihn dann an den Tabak und zog mehrmals an seiner Pfeife. Erst jetzt bemerkte er, wie groß der Kreis um ihn her geworden war. Die Kosaken, halb totgeschwitzt von der Arbeit im Heu, waren vom Fluss zurückgekommen, wo sie gebadet hatten, waren stehen geblieben, hatten sich hingesetzt. Denn wer wusste schon bessere Geschichten zu erzählen als Wassilij!

»Also«, fuhr der Alte fort, »was blieb unserem …« Er machte eine Pause. »Was blieb unserem Wanja schließlich übrig, als sich zu fügen. Und als sich sein Wohltäter aufs Pferd setzte, hielt er sich am Pferdeschwanz fest und rannte hinter ihm her, Tag für Tag, solange die Kalmücken weiterzogen. Nun traf es sich, dass der Priester den Stamm für eine Zeit verlassen musste. Darum übergab er unseren Wanja mit den besten Wünschen einem Verwandten und ritt fort.

Der Verwandte war kein übler Mann. Er ließ Wanja ein Pferd reiten und hieß ihn die Herde treiben, zu der Schafe, Rinder und Kamele gehörten. Ein Pferd war Wanja schon recht, denn je weiter es von Russland fortging, desto öfter dachte er an Flucht.

Es waren aber noch zwei andere Treiber bei der Herde, die ihm sein Pferd neideten. Und wie sie eines Tages so voranritten, sagte einer zum anderen:

›Was gilt die Wette, Bruder, dass ich diesen Russen mit einem einzigen Peitschenhieb vom Pferde schlagen kann?‹

Der andere lachte nur. ›Du wirst dich wundern. Die Kosaken sitzen ganz schön fest.‹

Da galoppierte der Erste auch schon heran, und Wanja sauste die Plette auf den Kopf nieder, das ihm Hören und Sehen verging. Aber ...« – die Jungen, die Wassilij gegenübersaßen, schluckten mit offenem Mund – »... er fiel nicht herunter. ›Jetzt will ich es versuchen‹, hörte es Wanja hinter sich schreien. Und wieder galoppierte ein Pferd heran, und im nächsten Augenblick sauste abermals eine Plette auf seinen Kopf.«

»Ich hätte ihm in die Fresse gehauen, dem Teufel!«, rief Konstantin.

»Ach, was du nicht sagst! Womit denn? Weißt du, wie lang eine Plette ist? Und hat dir schon jemand damit zweimal über den Kopf geschlagen? Dem armen Wanja kam der Himmel wie ein Schaffell vor. Er lag über dem Pferdehals, und es war wirklich ein Wunder, dass er nicht hinuntergestürzt war. Aus weiter Ferne hörte er die beiden Kalmücken lachen, immer weiter entfernt, immer weiter, und er wusste nicht, wie lange es dauerte, bis er wieder zu sich kam. Es muss schon eine Zeit gedauert haben, denn als er sich aufrichtete, sah er keine Herde und keinen Kalmückenstamm mehr. Dafür aber sprengte ein Trupp Reiter auf ihn zu. Fliehen konnte er nicht, dazu waren sie schon zu nahe. Sie umzingelten ihn und rissen im die Zügel aus den Händen. Einer sprang ab und band ihm die Füße mit einem Strick unter dem Pferdebauch zusammen – und ab ging es. Galopp natürlich, die Kerle ritten wie die Wahnsinnigen, und als die Dunkelheit kam, hatten sie ihr Ziel erreicht: ein kleines Kirgisenlager.

Nun war niemand da, der Wanja wohl wollte. Sie nahmen ihm das Pferd, zogen ihn aus, warfen ihm ein paar elende Lumpen hin, mit denen er sich zudeckte, legten Ketten um seine Füße und gaben ihm nur so viele zu essen, dass er nicht verhungerte. Jeden Morgen jagten sie ihn hungrig zum Mistsammeln hinaus, am Abend gaben sie ihm einen Rest Brei und ließen ihn zwei, drei Schafsrippen abnagen. Dann fesselten sie ihm die Hände, deckten ihn bis über den Kopf mit einer Felldecke zu, in der Armeen von Läusen und Flöhen Quartier genommen hatten, und legten sich um ihn herum zum Schlaf nieder. ›Flucht‹, dachte Wasska, nichts anderes als ›Flucht‹.«

»Aber Großväterchen Wassilij«, unterbrach ihn die kleine Sonja. »Ich denke, der Kosak hat Wanja geheißen?«

»Richtig, Seelchen, Wanja war sein Name. Vor lauter Eifer habe ich mich … Also kurz und gut, wie hätte Wanja fliehen sollen mit Ketten an den Füßen und Stricken an den Handgelenken? Die Zeit ging dahin. Längst war es Frühling in der Steppe geworden, und Wanjas Sehnsucht nach Russland wuchs mit jedem Tag. Da belauschte er eines Nachts ein Gespräch, als die Männer glaubten, dass er schon schliefe.

›Lasst uns den unnützen Esser verkaufen, auf dem Markt bringt er uns ein schönes Stück Geld. Zum Mistsammeln können wir auch die Frauen schicken.‹

So redeten sie eine ganze Weile, und Wanja spürte vor Kummer nicht mehr, wie ihn die Flöhe und Läuse piesackten. Noch weiter von Russland fort, mein Gott! Sollte er denn die Heimat niemals mehr wieder sehen?

Aber Glück und Unglück, ihr Kinder, liegen im Leben dicht beieinander. Zwei Tage nach dieser Nacht kam im der Dorfälteste auf einem Kamel in die Steppe nachgeritten.

›Bursche!‹, rief er und war ganz atemlos. ›Komm zurück, komm mit mir in meine Hütte. Mein Enkel liegt schwer krank darnieder. Ich habe gehört, dass ihr Russen euch darauf versteht, Krankheiten zu heilen. Mach meinen Enkel gesund, und ich werde dir die Freiheit schenken.‹

Die Freiheit! Das fuhr unserem Wanja wie ein Blitz in die Ohren, und obwohl er von Tuten und Blasen keine Ahnung hatte, ließ er dem Alten die Hoffnung und versprach, sein Bestes zu tun.

Es war dunkel in der Hütte, das Feuer brannte nur schwach. Neben dem Lager des kranken Kindes hockte eine Alte, die eine Schale mit Schafsrahm in die Hönden hielt und unaufhörlich vor sich hin murmelte.

Sie warf Wanja böse Blicke zu und war dabei so hässlich, dass er bei ihrem Anblick erschrak.

Wanja kniete sich zu dem kranken Jungen, befühlte ihm den Puls, den Kopf, legte ihm die Hände auf die Brust und rasselte beständig mit den Ketten an seinen Füßen. Wenn er auch von Krankheiten nichts verstand, so meinte er doch, der kurze Atem, und der kalte Schweiß könne nur die Dämpfigkeit sein, die Lungenkrankheit, und es würde mit dem Kind bald zu Ende gehen. Davon ließ er jedoch nichts hören.

›Es gibt gewiss ein Mittel, den Kranken zu heilen‹, sagte er zu dem alten Kirgisen. ›Wenn ich es nur aus Orenburg holen könnte! Lass mich in Begleitung deiner Männer dorthin reiten, um die Medizin zu beschaffen.‹

›Aber wo denkst du hin, Bursche, bis Orenburg! Es würden Tage und Tage vergehen, ehe ihr wieder zurück seid. Tu mir die Liebe, besinn dich, und heile den Enkel mit dem, was hier ist.‹

Seufzend und wie in schwere Gedanken versunken, ging Wanja in der Hütte auf und ab, dass die Ketten wieder nur so rasselten.

›Großväterchen‹, sagte das Kind leise, ›ich mag die Ketten nicht hören.‹

Gleich holte der Alte das Eisen, schloss die Ketten auf und Wanja streifte sie von den Füßen. ›Orenburg‹, flüsterte er. ›Wenn ich nur nach Orenburg könnte!‹ Dann blieb er vor dem alten Kirgisen stehen. ›So lass dem Kind wenigstens eine ordentliche

Fleischsuppe kochen mit viel frischen Kräutern darin. Ich werde sie ihm einflößen.‹ Und zu der alten Zauberin sagte er: ›Und du bleibst ihm mit dem Schafsrahm vom Leib, verstehst du?‹

Also ließ der alte Kirgise ein Schaf schlachten und von den Frauen eine kräftige Fleischsuppe kochen, und als wäre ein Wunder geschehen, aß das Kind tüchtig davon, und Wanja bekam auch seinen Teil ab.

›Lass mich‹, sagte Wanja, ›heute Nacht bei dem Jungen bleiben, damit ich sehe, wie ihm die Speise bekommt.‹ Dagegen hatte der alte Kirgise nichts einzuwenden, und dabei blieb es auch, als die jungen Männer von ihrem Streifzug aus der Steppe zurückkehrten. Die Nacht kam heran, der Kranke schlief ruhig, auch den Alten hatte die Müdigkeit übermannt.

Nur Wanja schlief nicht. Er schob sich immer weiter vom Feuer fort, immer noch ein Stückchen, bis er den Kopf unter der Decke durchschieben konnte, die vor dem Hütteneingang hing. Da sah er im Mondlicht an der gegenüberliegenden Hütte ein Pferd stehen. Kopf und Hals gesenkt, mochte es im Stehen eingeschlafen sein. Ein braunes Pferd, nur lose angebunden, und daneben, Wanja wollte seinen Augen nicht trauen, eine Stange mit Schlinge: den Pferdefänger.

Wanjas Herz fing an, wie rasend zu klopfen. Ein Pferd – es war Nacht –, und er hatte keine Ketten mehr an den Füßen.

Wanja atmete ganz ruhig, stützte den Kopf auf den Arm und überlegte sich die Sache genau. Sobald der Mond vorübergezogen war und die Hütten in Finsternis lagen, wollte er es versuchen.

Wanja wartete und wartete. Der Kranke schlief, und der Alte schlief, und in den Hütten rührte sich auch nichts. Nach Westen musste er reiten, den Pferdefänger mitnehmen. Vielleicht konnte er unterwegs ein zweites Pferd fangen. Denn es war weit bis zum Jaik. Wie viele Werst mochten es sein?

Wie viele? Er wusste es nicht. Er wusste nur, dass er nach Russland wollte.

Ganz leise schob er sich aus der Hütte, schob sich auf dem Bauch bis hinüber zu dem braunen Pferd, kniete sich hin und suchte nach einem Strick, mit dem es angebunden war. Du darfst jetzt nicht zittern, sagte er zu sich, du musst den Strick schnell vom Pfahl herunterstreifen und das Pferd fortführen.

Und was soll ich euch sagen, niemand hörte ihn, er schaffte es. Hinter den Hütten saß er auf und ritt davon wie der Teufel. Sein Ziel war die Herde des Kirgisenstammes. Aus dem Sattel heraus fing er sich dort ein Pferd, und als er sich weiter auf den Weg machte, immer dem davoneilenden Monde nach, fühlte er in die Satteltaschen seines Reitpferdes. Es fanden sich ein Messer darin, ein Feuerstein und drei zusammengetrocknete Tschurek-Kuchen. Nun wurde die Zuversicht, seine Heimat wieder zu sehen, groß in ihm. ›Ich werde die Herden finden, aus denen ich mir ein Schaf fangen kann, ich habe ein Messer, um es zu schlachten, und einen Stein, um Feuer zu schlagen und das Fleisch zu braten. Wenn mich der gütige Himmel auch noch Wasser für mich und meine Pferde finden lässt, bin ich gerettet.‹

Nun müsst ihr nicht denken, der Himmel und unsere Heiligen hätten nichts Eiligeres zu tun gehabt, als Wanja den Weg zu weisen. Oh nein, meine Lieben, so einfach war das nicht. Oft fand er tagelang kein Wasser, sosehr er danach suchte. Dann ließ er sich mutlos vom Pferd fallen, blieb liegen, wo es sich gerade traf, und wünschte nichts sehnlicher, als dass ihn ein schneller Tod von der Qual des Verdurstens erlösen möchte. Sobald die Pferde aber ein paar Stunden geruht hatten und in der Frühe des neuen Tages satt waren vom taunassen Gras, raffte auch Wanja sich wieder auf und ritt weiter. Auch ein Schaf, das er verzehren wollte, lief ihm nicht einfach über den Weg, wenn er es brauchte. Da musste er Gefahr auf sich nehmen, musste nachts an die Her-

den heranreiten, musste die berittenen Wächter beobachten, bis sie auf ihren Pferden eingeschlafen waren. Erst dann konnte er es wagen, ein Schaf zu grei-
fen und mit sich fortzuschleppen. Wochenlang war
unser Wanja auf diese Weise unterwegs.

Eines Tages lag eine kleine Anhöhe vor ihm. ›Ich
werde hinaufreiten‹, dachte er, ›und mich vergewis-
sern, ob in der Ferne endlich der Jaik zu sehen ist.‹
Und wirklich, von der Höhe herab sah er im Westen
eine weite Ebene vor sich, die ein breiter Fluss durch-
querte. Es gab keinen Zweifel, das war der Jaik. Wanja wusste sich nicht zu fassen vor Freude. Ein Tages-
ritt noch, und er würde am Ufer stehen. Hunger und
Durst, seine ständigen Begleiter, waren vergessen.
›Ich werde heimkommen‹, dachte er, ›und gerettet
sein.‹

Kaum war er jedoch von der Anhöhe herunterge-
ritten, als er einen Trupp Reiter hinter sich hörte. Ein
Blick genügte – es waren Kirgisen. Sie hatten ihn
auch gesehen und galoppierten heran. ›Nein‹, dachte Wanja, ›nicht noch einmal in die Sklaverei‹, und
schon schrie er auf sein Reitpferd ein und hämmerte
ihm die Fersen in den Leib. Wie ein Pfeil von der
Bogensehne flog das Pferd im nächsten Augenblick
dahin, riss das zweite Pferd mit, wurde schneller mit

jedem Hufschlag und raste fort, ohne matt zu werden.

Das Schlimme war nur, die Kirgisen ritten auch solche Pferde. Wie lange sie ihn verfolgten, hätte Wanja nicht sagen können. Geduckt lag er auf dem Pferd und klammerte sich an der Mähne fest. Einmal warf er schnell einen Blick hinter sich, da sah er, dass ihm nur noch einer der Verfolger auf den Fersen war. Aber dieser Teufel gab nicht auf. Er kam heran, immer näher, war bald auf der einen, bald auf der anderen Seite.

Da kam Wanja der rettende Gedanke: das Handpferd. Eilig stieß er es von sich. Verwirrt wurde es langsamer und versperrte dem Kirgisen den Weg. Als Wanja noch einen Blick rückwärts wagte, sah er ihn schon mit dem Pferd davonreiten, und so hatte er diese letzte Gefahr überstanden.

Am nächsten Abend erreichte er den Jaik, suchte eine flache Uferstelle, versteckte sein Pferd im Schilf und ließ sich nieder. Die Tage waren lang zu dieser Zeit, und die Abende kamen spät. Die Frösche quakten um ihn herum, Mücken und Bremsen fielen über ihn her, und er saß da und sah sehnsüchtig zum anderen Ufer hinüber.

Plötzlich hörte er ein Stück von sich entfernt den Schlag eines Ruders im Wasser. Er watete in den Fluss hinein und sah nicht weit von sich einen alten Ko-saken in seinem Boot sitzen.

›Väterchen!‹, rief Wanja, so laut er konnte. ›Um Christi willen, rudert nicht fort, nehmt mich mit ans andere Ufer!‹

Dem Kosaken, der Fischreusen ausgelegt hatte, verschlug es die Sprache. Neugierig ruderte er heran, und als er den halb verhungerten Wanja sah, dem nur ein paar Lumpen um den Leib hingen, fragte er nicht lange, sondern hieß ihn einsteigen und ruder-te mit ihm an das andere Ufer. ›Keine Sorge, Söhn-chen, keine Angst brauchst du mehr zu haben. Du bist in Sicherheit.‹ Mehr sagte der Alte nicht.

Wie glücklich Wanja war, als er das Kosakendorf vor sich sah, könnt ihr euch nicht denken. Die Leute liefen zusammen, folgten Wanja und dem Alten, die beide in das Haus des Atamans gingen, und dräng-ten sich vor der Tür und vor den Fenstern.

›Wer bist du? Woher kommst du?‹, fragte der Ata-man. ›Und wenn du ein Kosak sein willst, wohin ge-hörst du?‹ Da fuhr der Alte auf ihn los: ›Du bist mir vielleicht ein feiner Ataman. Siehst du nicht, dass dieser Mensch fast verhungert ist? Lass ihn sich set-zen und bewirte ihn. Dann kannst du ihn ausfragen, eher nicht.‹ Und so geschah es.

Das ganze Haus war voller Leute, als Wanja zu erzählen begann, nachdem er gegessen hatte.«

»Und das Pferd?« fragte Mitja. »Dachte er denn nicht mehr an sein Pferd?«

»Freilich dachte er daran« antwortete der alte Wassilij. »In aller Frühe des nächsten Tages fuhren die Kosaken mit einem Floß über den Jaik und holten es. Die Bremsen hatten es schon halb totgestochen.«

»Ist Wanja denn auch wieder heim an die Wolga gekommen?« fragte Sonja.

»Gewiss. Als er wieder zu Kräften gekommen war, haben ihn die Kosaken in sein Lager an die Wolga gebracht.«

»Und woher weißt du das alles so genau, Wassilij?« fragte jetzt einer der Kosaken.

»Weil ich dem Wanja ein Jahr später sein Pferd abgekauft habe. Und dabei hat er mir diese Geschichte erzählt.«

Der Kosak räusperte sich »Oder hat dein Wanja am Ende doch Wasska geheißen, Wassilij Michailow vielleicht?«

Der alte Wassilij sah, wie die Kinder um ihm herum die Augen aufrissen und ihn anstarrten. Er dachte: »Wie kann dieser Mensch die Kinder nur so erschrecken! Weiß er denn nicht, wie behutsam man sie auf das Schwere im Leben vorbereiten muss?«

Der alte Wassilij lächelte. »Er hieß Wanja, glaubt

es mir. Ich weiß nicht einmal, ob alles wahr ist an dieser Geschichte. Und jetzt, ihr Lieben, werden uns die Kosaken ein Lied singen. Seht nur, wie dunkel es geworden ist und wie viele Sterne schon herausgekommen sind.«

Es dauerte eine Weile, bis sich die Kosaken einig geworden waren, was sie singen wollten. Der Vorsänger summte diese und jene Melodie, die anderen nahmen sie auf, und dann sang er leise:

»*Tief neigt der Baum sich*
*hernieder zur Erde …*«
»*… wju, wju, wju, lilju*«
*fielen die anderen ein.*

»*Unter den Zweigen*
*ist's dunkel und lauschig …*«
»*… wju wju wju lilju.*«

Der alte Wassilij wiegte die kleine Sonja im Takt, und der warme Nachtwind trug das Lied über die Steppe fort.

# Glossar

## Alphapferd

So nennt man den Chef bzw. die Chefin der Herde. Leithengst oder Leitstute sind andere Worte für Alphapferd. Diese beiden Tiere sind die ranghöchsten, wobei der Leithengst meist das kräftigste Tier ist, die Leitstute aber auch schon alt, dafür aber sehr erfahren sein kann.

## Appaloosa

Die Appaloosas stammen aus den USA, sie werden mittlerweile aber auch in einigen Ländern in Europa gezüchtet. Charakteristisch für diese Rasse ist die bunte Fellzeichnung, die man in bis zu sechs Grundmuster einteilt. Typisch sind in jedem Fall die verschieden großen Flecken – helle auf dunklem Grund oder dunkle auf hellem Grund.
Appaloosas haben einen kräftigen, eher länglichen Körperbau und sind im Durchschnitt etwa 155 cm groß.

## Araber

Die Araber stammen aus Regionen mit extrem heißem Wüstenklima mit großer Wasser- und Nahrungsarmut. Daher sind diese Pferde sehr abgehärtet und können auch unter schwierigen Bedingungen hohe Leistungen bringen. Araber sind sehr drahtig und haben ein seidiges, dünnes Fell. Sie werden bis zu 155 cm groß. Alle Grundfarben sind erlaubt, aber Schimmel kommen am häufigsten vor.

Die weltweite Araberzucht unterscheidet verschiedene Typen. Pferde, die Ägypten gezogen wurden, heißen Original-Araber. Als Vollblut-Araber bezeichnet man die Pferde, die außerhalb Ägyptens gezüchtet wurden, deren Vorfahren aber lückenlos auf Original-Araber zurückgehen. Darüberhinaus gibt es noch weitere Typen, die aber keine lückenlosen Stammbäume wie Vollblut- und Original-Araber haben.

## Bosalzäunung

So nennt man eine gebisslose Zäumung, die aus der Westernreitweise stammt. Die Bosalzäumung wird auch als klassische Hackamore bezeichnet und besteht aus einem stabilen Rohleder-Nasenring namens Bosal und der Mecate, einem geflochtenen Seil aus Pferdehaar. Das Bosal wird mit einem einfachen Genickriemen am Pferdekopf befestigt.

## Corrall

Die englische bzw. amerikanische Bezeichnung für einen umzäunten Auslauf, ein Gehege oder Pferch für Pferde.

## Cuttingpferd

Ein speziell zum Rindertreiben ausgebildetes Westernpferd, vergleichbar mit den Hunden eines Schäfers – also der »Schäferhund« unter den Pferden. Die Spezialität dieser Pferde ist es, ein einzelnes Rind von der Herde trennen zu können. Der kleinste Wink des Reiters genügt ihnen für diese Aufgaben.

## Einer-Galoppwechsel

Beim Galopp ändert sich mit dem Handwechsel auch die Fußfolge, in der das Pferd seine Hufe aufsetzt. Bei den Einer-Galoppwechseln muss das Pferd von Galoppsprung zu Galoppsprung diesen Handwechsel in der Schwebephase ausführen – das ist für Pferd und Reiter eine extrem anstrengende Übung. Einer-Galoppwechsel werden auch als »à tempi«-Wechsel bezeichnet.

## Falben

Ein Pferd mit weißlich-gelbem bis bräunlichgrauem Deckhaar und schwarzem Langhaar nennt man Falbe. Oft haben Falben auch noch einen Aalstrich. Das ist ein schmaler schwarzer Fellstreifen, der sich auf der Wirbelsäule vom Hals bis zum Schweifansatz zieht.

## Friesen

Die Friesen stammen aus den Niederlanden und sind eine Fahr- und Reitpferderasse. Mittlerweile werden sie auch in Deutschland gezüchetet. Es sind sehr kräftige Pferde mit einem länglichen Kopf, breiter Brust und leicht gespaltener Kruppe. Auffällig ist ebenfalls das sehr üppige Langhaar und der hohe Trab. Friesen gibt es nur als Rappen.

## Jog

Ein sehr langsamer und gemütlicher Trab, den man prima aussitzen kann und den Pferd und Reiter auch bei längeren Ritten gut durchhalten können. Vor allem bei Western- und Freizeitreitern sehr beliebt.

## Kapriole

Diese Figur gehört zur »Hohen Schule«. Das Pferd springt aus der Levade hoch, sodass es mit allen vier Beinen vom Boden gelöst ist und fast waagerecht in der Luft liegt. In der Schwebephase schlägt es dann mit den beiden Hinterbeinen aus.

## Kurbette

Die Kurbette entsteht ebenfalls aus der Levade. Hier richtet sich das Pferd aus der Levade auf und springt auf den Hinterbeinen drei- bis viermal gerade vorwärts.

## Levade

Eine Levade ist eine Grundfigur der »Hohen Schule« und eine häufige Ausgangsfigur für andere Übungen. Das Pferd richtet sich auf der Hinterhand auf und winkelt die Vorderbeine an. Das ganze Gewicht des Reiters und des Pferdes liegt hierbei auf den Hufen und Gelenken der Hinterhand. Ein gut ausgebildetes Pferd kann diese anstrengende Position mehrere Sekunden halten.

## Lipizzaner

Der österreichische Erzherzog Karl II. gründete 1580 in Lipica, dem heutigen Slowenien, ein Gestüt. Er gab also den Impuls zur Züchtung dieser mittelgroßen, kompakten Pferde mit einem Stockmaß von 155 bis 158 cm. Seit dem 19. Jhd. hat man sich bemüht, nur Schimmel zu züchten, sodass heute der Schimmel die typische Farbe für einen Lipizzaner ist. Vor allem in der »Spanischen Reitschule« in Wien kann man Lipizzaner bewundern.

## Longieren

Das Longieren bezeichnet das Bewegen und Arbeiten eines Pferdes an der Longe (einer langen festen Leine, die in die Trense eingespannt ist). Dabei läuft das Pferd in einem Kreis, dem sogenannten Zirkel, um den Longenführer herum. Mit der Longe und einer Longierpeitsche dirigiert der Longenführer das Pferd. Das Longieren hat verschiedene Zwecke: Reitanfänger machen ihre ersten Versuche an der Longe, das Voltigieren findet an der Longe statt und man kann ein Pferd an der Longe auch gut kontrolliert bewegen, z.B. nach einer Krankheit.

## Oldenburger Wallach

Aus dem Zuchtgebiet Oldenburg stammen die gleichnamigen Oldenburger. Diese Pferderasse hat meistens eine dunkelbraune Farbe und ein Stockmaß von etwa 160 bis 165 cm. Schon im 16. Jahrhundert wurden die Oldenburger gerne als große und elegante Fuhrpferde eingesetzt. Mittlerweile gibt es aber einen leichteren Typ als Reitpferd.

## Paints

auch Paint horses. Gescheckte Quarter-Horses, egal ob braun-weiß oder schwarz-weiß. Im Gegensatz zu den Pintos gibt hier die Rasse den Ausschlag für die

Bezeichnung. Als Pinto wird in den USA jedes gescheckte Pferd, unabhängig von seiner Rasse bezeichnet.

## Palomino

Palomino ist der amerikanische Begriff für die Fellfarbe Isabelle. In den USA wird diese Fellfarbe speziell gezüchtet.

Isabelle sind Pferde mit weißlich-gelbem bis goldgel-
bem Deckhaar und gleichfarbigem oder hellerem
Langhaar.

## Pas de deux

Der Begriff kommt aus dem Französischen und heißt
»Tanz zu zweien«. Es ist eine Dressurkür, die von zwei
Reitern miteinander vorgeführt wird. Es gibt diesen
Begriff auch im Ballett und wenn ein Pas de deux
richtig kunstvoll ausgeführt wird, sieht er wirklich
aus wie ein Tanz.

## Tölten

Der Tölt ist eine spezielle Gangart, die im Viertakt
mit der gleichen Fußfolge wie der Schritt erfolgt. Im
Tölt ist die Fußfolge nur viel schneller. Der Tölt ist eine sehr angenehm zu sitzende Gangart, da der Reiter
kaum Erschütterungen durch das Aufsetzen der Füße

ausgleichen muss. Meist tölten Pferde von Natur aus in schwierigem Gelände, wenn sie schneller als im Schritt und sicherer als im Trab vorankommen wollen. Aber nicht alle Pferde haben eine Veranlagung zum Tölt. Am bekanntesten sind davon sicherlich die Isländer.

## Trabtraversale

Die Traversale gehört zu den Seitengängen. Dabei muss das Pferd sich auf zwei Hufschläge vorwärtsseitwärts bewegen, also die Beine überkreuzen. Bei der Traversale geht das Pferd seitlich-vorwärts zur Bahnmitte und ist leicht in die Bewegungsrichtung gebogen. Diese Seitengänge sind für ein Pferd eine schwierige und anstrengende Übung.

## Trailprüfung

Trailprüfungen wurden von den Westernreitern nach Deutschland gebracht und sind Geschicklichkeitsprüfungen, bei denen Geländehindernisse nachgestellt werden. So muss das Pferd z.B. eine schmale Brücke überqueren, über eine Wippe gehen oder rückwärts durch ein am Boden ausgelegtes Stangenhindernis dirigiert werden. Inzwischen gibt es Trailprüfungen nicht nur für Westernreiter, sondern auch für Anhänger anderer Reitweisen.

## Voltigieren

Das bedeutet so viel wie »Turnen auf dem Pferd«. Dieses Turnen geschieht überwiegend auf einem galoppierenden Pferd, das an der Longe im Kreis läuft. Die einzelnen Voltigierer laufen einzeln zum Pferd, passen sich dem Takt des Galoppsprunges an und springen dann auf das Pferd auf. Es gibt verschiedene Übungen, die von den Turnern einzeln ausgeführt werden, aber auch miteinander im Rahmen einer sogenannten Kür.

Bei Turnieren muss jeder Voltigierer einer Gruppe die sechs klassischen Grundübungen ausführen und anschließend wird eine gemeinsame Kür gezeigt.

Voltigierpferde müssen ganz besonderen Ansprüchen gerecht werden. Sie müssen nicht nur über 15 Minuten lang ausdauernd und gleichmässig galoppieren, sondern auch geduldig die verschiedenen Kunststücke und bis zu drei turnende Menschen auf ihrem Rücken dulden.

# Quellenverzeichnis

# Die schönsten Abenteuer aus
## für die allerbesten

**Outriders**
Band 1
128 Seiten
€ (D) **8,90/sFr. 15,90**
ISBN 3-629-**10008**-2

**Outriders**
Band 3
128 Seiten
€ (D) **8,90/sFr. 15,90**
ISBN 3-629-**10017**-1

**Outriders**
Band 2
128 Seiten
€ (D) **8,90/sFr. 15,90**
ISBN 3-629-**10009**-0

© Kinderkanal ARD/ZDF 2002 · Licensed by BAVARIA SONOR, D-82031 Geiselgasteig

# dem KI.KA TV-Programm –
# Freunde!

KI.KA
Meine Schulfreunde
96 Seiten
€ (D) **8,90**/sFr. **15,90**
ISBN 3-629-**10010**-4

Mein KI.KA
Schülerkalender 2003/04
208 Seiten
€ (D) **6,90**/sFr. **12,40**
ISBN 3-629-**10014**-7

## Ab sofort in deiner Buchhandlung!